Bild
tot

fluid

Von der Nothwendigkeit eines logischen Widerstandes

Wolf Pehlke

Deal or No Deal
Schnitte durch das Innere der Angelegenheit

Politik ist nicht die Lösung.
Sie ist das herrschende Problem.
Elmor Beaver

Es gibt keine Konflikte,
Es gibt nur falsche Lösungen.
Custer Beaton

Ein kleiner Schritt für die Menschheit
& ein blaues Auge für mich

Jim kam aus Moskau. Ein überaus schlauer amerikanischer Jude in einem smarten Yuppie Jackett, der es im Leben bestimmt noch weit bringen wird. Vermutlich wird er eines Tages sogar im Wahlkampf für einen zukünftigen Präsidenten der Vereinigten Staaten eine gewisse Rolle spielen.

Jim hatte im Gepäck ein Kilo Kaviar von der aserbaidschanischen Grenze und zwei großartig klingende Pläne. Die eine großartige Idee lief darauf hinaus, ohne Umschweife sofort mit mir im Bett zu landen. Sein anderer Plan war ebenso direkt. Ich könnte ja so ganz nebenbei eigentlich auch noch eine Kleinigkeit für den israelischen Geheimdienst erledigen.

Die Geheimdienste haben immer etwas zu erledigen. Und bei mir weiß man ja längst, dass ich nicht nur zusammen mit linken RAF Terroristen auf einem Fahndungsplakat groß geworden bin, sondern dass ich auch von Zeit zu Zeit im Hause eines untergetauchten Nazi Verbrechers verkehre. Da würde es doch sicher ein Leichtes für mich sein, den Sohn von einem Nazi ein wenig über seinen Vater auszuspionieren.

Also meine Generation hat mit ihren Vätern wirklich nur Scheiße erlebt.

In den Schlagzeilen taucht dieser Vater jahrzehntelang immer wieder auf. Er wird nach und nach The Most Wanted Nazi, und seinen Sohn kenne ich seit der Schulzeit. Wir saßen jahrelang in einem Humanistischen Gymnasium auf einer Holzbank nebeneinander. Sämtliche Punischen Kriege habe ich von ihm abgeschrieben bis sie mich dabei erwischt haben. Dieser Sohn ist also ein guter Freund von mir und sein Vater ist ein in Rasterpunkte zerlegtes Phantombild auf der Flucht. Ein bei Bedarf immer wieder durch die Medien gejagtes, immer gleiches, ruheloses Foto aus der Vergangenheit.

Ich schaute Jim in die Augen. Es war ein deprimierender Moment.
Es war einfach ekelhaft.

Ein paar Stunden später sind wir vom Wodka betrunken und unterwegs zu meinem Atelier. Das weitläufige Gelände einer ehemaligen Waffen- und Munitionsfabrik steht seit einigen Jahren leer und etliche der großen Hallen sind bereits abgerissen. So wie es dort aussieht, hat der Regisseur für einen düsteren Mitternachtsfilm der verlorenen Engel seine Bilder bei Fritz Lang oder bei Tarkowsky gestohlen.

Wir steuern durch eine mit kräftigen Schlagschatten ausgeleuchtete Schlucht zwischen den Lagerschuppen auf den gigantischen Hallenbau A zu. Zehn arische Lichthöfe für eine deutlich gelungene Tötungsfabrik reihen sich dort als offene Produktionsstrasse hintereinander. Ein stürmischer kalter Regen peitscht und prasselt in dieser Nacht durch zerbrochene Fensterscheiben und auf die alten Glasdächer über den leeren Lichthöfen. Wie ein Hohn auf jede Romantik leuchtet ein sattes Mondlicht die Szenerie schwerer Kräne aus.

Jim spricht kein einziges Wort mit mir. Wir steigen schweigend die breite Treppe hinauf in den zweiten Stock. Oben auf der umlaufenden Galerie tritt Jim entschlossen an das Geländer. Der Rücken ist gestrafft und seine Pupillen sind festgenagelt auf eine Reihe altmodischer Buchstaben, die auf einer Emailletafel über dem Lichthof vor sich hin rosten.

Lichthof 1, steht da. In der dünnen, schwarzen Typographie einer totalen Ordnungsliebe. Der Lastkran dahinter ist zugelassen für ein Gesamtgewicht von 8 Tonnen.

Die Arme steif vor sich ausgestreckt, umklammern seine hervortretenden Knöchel der Hand den Geländerlauf einer Balustrade. Ein dämonischer Imperator, der seine Truppen inspiziert. Von der Decke herab baumelt in der fahlen Dunkelheit der mächtige gusseiserne Haken des Laufkrans an seiner Kette herab.

Jim reißt plötzlich unbarmherzig den rechten Arm hoch zum Führergruß. Seine Pupillen kalt wie das Holz und das Eisen im Geländer. Die Stimme bellt sich herrisch laut mit der Gewalt von einem Schützenpanzer in den leeren Raum hinein. Tief aus seiner Kehle heraus. Ein erbarmungsloser Regen schlägt jetzt mit der ganzen Wucht eines endlosen Bombenhagels im Krieg auf die Glasdächer ein.

Lichthof 1.
Acht Tonnen!
Jawoll!
Jawoll, Mein Führer.

Jim brüllt es in den leeren Lichthof hinaus. Er schlägt entschlossen die Hacken des Schuhwerks hart aneinander und tritt ab. Er marschiert im Stechschritt weiter die Galerie entlang.

Er marschiert wortlos zu dem nächsten Lichthof. Seine Absicht, heute Nacht mit mir im Bett zu landen, ist offensichtlich. Er inspiziert Lichthof um Lichthof und wiederholt dieses grausame Schauspiel immer wieder.

LOOP

Jim kam aus Moskau. Ein überaus schlauer amerikanischer Jude in einem smarten Yuppie Jackett, der es im Leben bestimmt noch weit bringen wird. Vermutlich wird er eines Tages sogar im Wahlkampf für einen zukünftigen Präsidenten der Vereinigten Staaten eine gewisse Rolle spielen.

Jim hatte im Gepäck ein Kilo Kaviar von der aserbaidschanischen Grenze und zwei großartig klingende Pläne. Die eine großartige Idee lief darauf hinaus, ohne Umschweife sofort mit mir im Bett zu landen. Sein anderer Plan war ebenso direkt. Ich könnte ja so ganz nebenbei eigentlich auch noch eine Kleinigkeit für den israelischen Geheimdienst erledigen.

Die Geheimdienste haben immer etwas zu erledigen. Und bei mir weiß man ja längst, dass ich nicht nur zusammen mit linken RAF Terroristen auf einem Fahndungsplakat groß geworden bin, sondern dass ich auch von Zeit zu Zeit im Hause eines untergetauchten Nazi Verbrechers verkehre. Da würde es doch sicher ein Leichtes für mich sein, den Sohn von einem Nazi ein wenig über seinen Vater auszuspionieren.

Also meine Generation hat mit ihren Vätern wirklich nur Scheiße erlebt.

In den Schlagzeilen taucht dieser Vater jahrzehntelang immer wieder auf. Er wird nach und nach The Most Wanted Nazi, und seinen Sohn kenne ich seit der Schulzeit. Wir saßen jahrelang in einem Humanistischen Gymnasium auf einer Holzbank nebeneinander. Sämtliche Punischen Kriege habe ich von ihm abgeschrieben bis sie mich dabei erwischt haben. Dieser Sohn ist also ein guter Freund von mir und sein Vater ist ein in Rasterpunkte zerlegtes Phantombild auf der Flucht. Ein bei Bedarf immer wieder durch die Medien gejagtes, immer gleiches, ruheloses Foto aus der Vergangenheit.

Ich schaute Jim in die Augen. Es war ein deprimierender Moment.
Es war einfach ekelhaft.

Milch aus der Steckdose

Im gleichen Winter kam auch der Zirkus. Mit dem ersten Schneefall schlägt ein armseliger Tross aus fahrendem Volk umhüllt vom warmen Atem schnaubender Tiere sein tristes Winterquartier direkt vor meinem Atelierfenster auf. In einer Abrisslücke gegenüber dem Hallenbau A.

Kreuz und quer stehen die Wagen eng beieinander inmitten von Schlammlöchern, Schutt und Geröll. Gleich daneben in den Baracken sind jetzt ganze Fuhren Heu untergebracht. Winzige Pferde, afrikanische Elefanten, ein Lama und ein Esel. Die afrikanischen Elefanten haben beeindruckend große Ohren und zerren den ganzen Tag an ihrem Geschirr, in dem sie festgebunden sind.

Von den schäbigen Wagen blättert die Farbe ab. Wäsche hängt gefroren auf der Leine und die herumstreunenden Hunde knurren boshaft und hungrig. Der Advent kommt und während der ganzen Vorweihnachtszeit blinken bunte Lichterketten in allen Gardinenfenstern der Wagenburg.

Es ist früh dunkel und irgendwie biblisch steht ein magerer, zerzauster Esel einsam in seinem Stall unter einer trüben Glühbirne.

Draußen im Wirbel eines dichten Schneesturms kaut ein wolliges Kamel gleichmütig an seiner Oberlippe. Es ist an dem Pfosten der Wäscheleine angepflockt. Vor dem Hintergrund nervöser Autoscheinwerfer, die wie eine Flakeinheit die Nacht abtasten, zeichnet sich eine verfrorene Schar Ziegen ab, die lautlos über das weite, leere Abrissgelände irrt.

Kurz nach Heilig Abend haben die Elefanten sich dann überraschend los gemacht und sind abgehauen. Drei afrikanische Elefanten stürmen mit unglaublich großen Ohren im Galopp durch einen Vorhang aus dicken Schneeflocken an der Längsseite des Hallenbau A entlang.

Ich stehe gerade am Fenster, kaue auf einem Stück Zimtgebäck und schaue ihnen nach. Vielleicht wollen sie ja auch nur rechtzeitig die Straßenbahn in die Innenstadt erreichen? Möglicherweise um ihre Weihnachtsgeschenke umzutauschen?

Mit hochgeschraubtem Rüssel trompetet der mächtige Leitbulle den Angriff und rammt seine Stoßzähne vorwärts. Wenn jetzt noch ein Kölner Kunstkritiker und der örtlicher Kulturreferent gleichzeitig um die Ecke der Kistenfirma herum kommen, dann stehen wir morgen alle ganz groß in den Nachrichten.

Aber es ist nur Susan Sontag mit ihrem neuen Sportwagen, die mich abholen will. Souverän lenkt sie ihren kleinen Flitzer um das tosende Spektakel herum und winkt lachend hinter der Windschutzscheibe zu mir hinauf.

LOOP

Im gleichen Winter kam auch der Zirkus. Mit dem ersten Schneefall schlägt ein armseliger Tross aus fahrendem Volk umhüllt vom warmen Atem schnaubender Tiere sein tristes Winterquartier direkt vor meinem Atelierfenster auf. In einer Abrisslücke gegenüber dem Hallenbau A.

Kreuz und quer stehen die Wagen eng beieinander inmitten von Schlammlöchern, von Schutt und Geröll. Gleich daneben in den Baracken sind jetzt ganze Fuhren Heu untergebracht. Winzige Pferde, afrikanische Elefanten, ein Lama und ein Esel. Die afrikanischen Elefanten haben beeindruckend große Ohren und zerren den ganzen Tag an ihrem Geschirr, in dem sie festgebunden sind.

Von den schäbigen Wagen blättert die Farbe ab. Wäsche hängt gefroren auf der Leine und die herumstreunenden Hunde knurren boshaft und hungrig. Der Advent kommt und während der ganzen Vorweihnachtszeit blinken bunte Lichterketten in allen Gardinenfenstern der Wagenburg.

Es ist früh dunkel und irgendwie biblisch steht ein magerer, zerzauster Esel einsam in seinem Stall unter einer trüben Glühbirne.

Draußen im Wirbel eines dichten Schneesturms kaut ein wolliges Kamel gleichmütig an seiner Oberlippe. Es ist an dem Pfosten der Wäscheleine angepflockt. Vor dem Hintergrund nervöser Autoscheinwerfer, die wie eine Flakeinheit die Nacht abtasten, zeichnet sich eine verfrorene Schar Ziegen ab, die lautlos über das weite, leere Abrissgelände irrt.

Kurz nach Heilig Abend haben die Elefanten sich dann überraschend los gemacht und sind abgehauen. Drei afrikanische Elefanten stürmen mit unglaublich großen Ohren im Galopp durch einen Vorhang aus dicken Schneeflocken an der Längsseite des Hallenbau A entlang.

Ich stehe am Fenster, kaue auf einem Stück Zimtgebäck und schaue ihnen nach.

Beat Farming Area 23

Christoph Nees kam aus Darmstadt mit einem schrottreifen Bus voller Kontaktmikrophone. Alfred Harth hatte ihn zu mir geschickt. Das war in dem Jahr bevor wir eine zerschossene Tür von W.S. Burroughs über die Grenze in die Schweiz zurück geschmuggelt haben. Aber das ist eine andere Geschichte.

Christoph Nees ist ein Saxophonist, der nach einer Rückkoppelung der fünften Dimension in den Klangbildern sucht. Seine Experimente sind für mich neu und überwältigend. Ich stelle ihm mein Zimmer, das Atelier und 10 Lichthöfe zur Verfügung und wir arbeiten über Wochen und Monate an diesem Experiment. Aber zuerst einmal muss ich lernen was ein Kontaktmikrophon überhaupt ist.

Jeder Gegenstand hat um sich herum einen Raum aus kaum hörbarem Rauschen. Und jeder Gegenstand hat auch in sich selbst ein Volumen aus eigenen Tönen und Frequenzen. Das gilt für einen Küchenstuhl genau so wie für irgendeinen Backstein im Mauerwerk. Dort einzudringen, um dann die Partitur wieder nach außen zu stülpen, ist der Ausgangspunkt.

Das Kontaktmikrophon absorbiert dabei sämtliche Geräusche außerhalb eines Gegenstandes und zeichnet nur das Klangbild im Inneren des Gegenstandes auf. Nimm einfach ein Kontaktmikrophon und klemme es an einen Grashalm. Du kannst jetzt hören wie das Gras wächst. Du kannst jetzt alles hören, was im Inneren von diesem Grashalm geschieht. Du kannst auch hören wie ein einzelner Backstein im Mauerwerk plötzlich anfängt die Geschichte von einem ganzen Gebäude zu erzählen.

Überall im Hallenbau A installieren wir die Kontaktmikrophone. Auf dem Gussbeton des Fußbodens, an den rissigen Wänden, unter den Treppenstufen, an den Säulen, in den zerbrochen Scheiben der endlosen Fensterreihen, in dem toten Motor von einem stillgelegten Laufkran und in den Rillen der Transportgleise, die längs durch den ganzen Hallenbau hindurch laufen.

Aus allen Richtungen führt ein Gewirr unzähliger Kabel zu dem Steuerpult. Und jede Menge rote, gelbe, grüne und weiße Kabel quellen aus den Verteilerbuchsen auch wieder heraus. Sie vernetzen die Klangräume miteinander oder werden direkt in einige herumliegende Instrumente weitergeleitet. Ich sehe die Hände von Christoph Nees, wie sie feingliedrig und konzentriert über die Regler gleiten. Seine Augen sind geschlossen und die wuchtigen Kopfhörer lassen ihn aussehen wie einen Astronauten in seiner Weltraumkapsel.

Architektur aus Gussbeton und Geschichte. Tod und Vernichtung. Das Elend der Arbeiterklasse und die Herrschaft stählerner Zahnräder. Später das deutsche Wirtschaftswunder. Alles fließt ein in die Ouvertüre des Klangkörpers. Grundrauschen. Störsender und Frequenzen. Sampling, Fragmentarisierung. Filmschnitte und herum irrende Parallelen im Universum.

Christoph ertastet die Klänge. Er zerrt sie aus jeder Faser dieses Gebäudes heraus. Er versetzt damit die ausgebreiteten Instrumente in irre Schwingungen und jagt deren Rückkoppelungen unbarmherzig zurück in die Architektur. Hallenbau A vibriert im Klang seiner eigenen Geschichte.

Alles ist Medium. Zeit mit erhöhter Geschwindigkeit und in einer Vorlauf/Rücklauftaste gespeichert und abrufbereit. Raum in seiner Verkündung von Semantik und Wahrnehmung.

In der Folge begleitet Christoph Nees mit seinen Klangerkundungen den Umbau des Museums in Wiesbaden. Während der gesamten baulichen Eingriffe überträgt sein Projekt die sich ständig ändernde Eigenfrequenz des Gebäudes aus dem Innenraum des Museums in den Außenraum. Dort ist vor dem Bauzaun ein Container aufgestellt, der als Konzertraum zu den gleichen Besuchszeiten offen steht, in denen das Museum geschlossen bleibt.

Längst träumt Christoph Nees von herumstreifenden seismographischen Akustik Containern, die überall unterwegs sind und den Spuren von Zeit und Raum folgen. Aber als ich ihn vor kurzem in Frankfurt auf der Straße wieder sehe, ist er erschreckend dürr und hohlwangig.

Seine Zähne sind schlecht und einige davon sind fast schwarz. Er hat sein Saxophon verkauft und er lebt von Sozialhilfe.

LOOP

Christoph Nees kam aus Darmstadt mit einem schrottreifen Bus voller Kontaktmikrophone. Alfred Harth hatte ihn zu mir geschickt. Das war in dem Jahr bevor wir eine zerschossene Tür von W.S. Burroughs über die Grenze in die Schweiz zurück geschmuggelt hatten. Aber das ist eine andere Geschichte.

Helden & Dezimalsysteme

Die Phönizier tauchten auf. Sie trieben Handel. Und sie verschwanden wieder. Das ist alles, was wir über sie wissen. Der Ägypter hingegen kam über das Dach. Er kletterte irgendwo in 27 Meter Höhe an der Regenrinne hinauf, stemmte die Dachgauben auf und brach überall ein. Danach war er wieder für Tage, Wochen und Monate verschwunden.

Es ist wenig, was ich über diesen Ägypter weiß. Er hatte einen schweren Motorradunfall und später hat er sich mit der Versicherungssumme ein rotes Cabriolet gekauft. Er hat im Stil der Existenzialisten düstere Welträtsel gemalt und man hat mir versichert, dass er ebenso begabt darin sei, auf einem Klavier die Goldberg Variationen zu spielen. Aber wenn es Gott gibt, dann hatte er ihn irgendwie aus den Augen verloren.

Damals hatte ich das Atelier noch unter dem Dach. Genau in jenem Bereich, wo ein eleganter, kleiner Turmaufbau über dem Gebäude thront. Auf der Mitte einer Fließbandproduktion für den alltäglichen Bedarf an Brandbomben und Splitterschrapnellen. Die Fabrik mit ihrem netten, kleinen Turm ist dem Schloss eines Sonnenkönigs sehr ähnlich und wenn man nur ein kleines bisschen darüber nachdenkt, kommt man schnell dahinter, warum das so ist.

Im Bauch des Hallenbau A stapeln sich in den Lagerbereichen, längs der Produktionsstrasse, noch immer tonnenweise die Gussformen. Abstrakte Formen und scheinbare Puzzlestücke eines kindlichen Spiels aus Geschützläufen oder den Öffnungsmechanismen von Zyklon-B Behältern. Was immer es ist, es war jedenfalls bestimmt nicht für eine tüchtige Nähmaschine in der zierlichen Hand eines jungen Mädchens mit seinem Poesiealbum gedacht.

Die Gussformen liegen in endlosen Reihen hoher Stahlregale und unter dem Dach ist ein ganzes Archiv zurück datierter Kriegsschauplätze in wirren Haufen aufeinander geworfen. Bizarre Gebilde aus einem leichten, hellen Holz und in verschiedenen farbigen Lacken markiert, die längst stumpf und angeschlagen sind.

Der Ägypter ist ein Jäger dieser Beute und er durchstreift nächtelang die Hallen, die Gewölbe und die Dachgeschosse voller Staubwolken und Taubenkot. Seine Einbrüche sind legendär und irgendeiner aus den Kaninchenställen über dem Berufsfortbildungswerk behauptet, ihm seien seine Pornohefte geklaut worden und einem anderen fehlt plötzlich das Radio und eine Tube Ölfarbe.

Doch der Ägypter taucht einfach nur auf, durchstreift das Gelände und den Hallenbau A und verschwindet wieder mit erstaunlichen Mengen rätselhafter alter Gussformen. Auf einem klapprigen Fahrrad sind sie bündelweise zusammen geschnürt, wie die Plastiktüten eines Penners, und er schiebt seine Beute über das Gelände fort.

Irgendwann stecken sie ihn wohl eine Zeit lang in eine Nervenheilanstalt. Aber er kehrt immer wieder zurück, bricht überall ein und macht sich wieder davon. Offensichtlich hat er längst einen Berg voller Gussformteile an einen unbekannten Ort geschleppt.

Gelegentlich ist er gefährlich. Er ist ein wildes Tier. Ein Besessener, der die Negative unbekannter Tatorte aus der Vergangenheit an sich reißt. Er trägt sie fort. Er hortet sie an einem geheimen Ort. Er bewacht sie. Der durchgeknallte Hüter eines Nazi-Grals.

Eines Nachts knarren die Fenster einer Dachgaube und die Dunkelheit presst einen völlig durchnässten ägyptischen König in mein Atelier herein. Wir plaudern ein wenig über die Sterne und über den eisigen Sturm in dieser Nacht. Der Ägypter ist ein finsterer Hüne mit finsteren Augenbrauen, der direkt aus einem Polizeibericht über den Mönch Rasputin entsprungen scheint. In seiner rechten Hand wiegt er ein rostiges Brecheisen und ich befürchte die Regenrinne da draußen wird nicht mehr lange halten.

Als er das nächste Mal da oben bei mir einbricht habe ich die Schlüssel sämtlicher Stahltüren für ihn bereit gelegt und drücke sie ihm wortlos in die Hand.

LOOP

Die Phönizier tauchten auf. Sie trieben Handel. Und sie verschwanden wieder. Das ist alles, was wir über sie wissen. Der Ägypter hingegen kam über das Dach. Er kletterte irgendwo in 27 Meter Höhe an der Regenrinne hinauf, stemmte die Dachgauben auf und brach überall ein. Danach war er wieder für Tage, Wochen und Monate verschwunden.

Es ist wenig, was ich über diesen Ägypter weiß. Er hatte einen schweren Motorradunfall und später hat er sich mit der Versicherungssumme ein rotes Cabriolet

Das Fundament der Stunde Null

Mein Vater kam aus dem Krieg, das war im Jahre 1942. Er kam aus Smolensk mit einem von Granaten zerfetzten Bein, mit dem er 18 Monate im Lazarett gelegen hatte. Das Bein war jetzt gute 12 Zentimeter kürzer und es sah übel aus.

Mein anderer Vater kam aus dem Krieg, das war im Jahr darauf, im Winter 1943. Er kam aus dem Mittelabschnitt im Osten und war unter einen höllischen Beschuss der Artilleriefeuer geraten. Sie holten, so gut es ging, die verbogenen Geschoßsplitter aus ihm heraus, aber einige blieben für immer in ihm drin und wanderten dort herum.

Danach mussten sie ihm den Arm brechen. Sie zerrten den zerschossenen, steifen Arm in einen rechten Winkel, um ihn in eine Stellung zu bringen in der ein braver Steinmetz die Familiennamen der Gefallenen in die Reihe der Grabsteine schlägt. Sein Arm war jetzt nicht mehr als ein dürrer, langer Knochen mit dünn darüber gespannter Haut und der Arm sah übel aus.

Der eine wie der andere Vater, beide sind nach dem Krieg einsilbig und schweigsam. Eine verlorene Generation, die für ihre Söhne nicht viel Verwendung hat. Wir gehen uns schließlich alle aus dem Weg. Ich ergreife die Flucht bis in die Berghütten von Nepal und renne davon bis in die Klongs von Siam. Ich lasse mich mitnehmen von einem vanillefarbenen Pontiac in Amerika; tage- und nächtelang, kreuz und quer unterwegs, ohne jedes Ziel, ohne jemals anzukommen. Aber dann holt der Krieg mich zurück.

Er stülpt den ewig eitrigen Knochen des einen Vaters langsam Stück für Stück aus der Haut heraus. Er schickt das Bein des anderen Vaters zurück in das endlose Grauen der Lazarette. Dazu gibt es nicht viel zu sagen. Niemand nimmt dir das ab. Du bist dabei oder du bist nicht dabei.

Ich hatte gerade ein paar verstörende und herrliche Jahre an einer Kunstakademie hinter mir und mit einem Schlag war ich mitten drin in einem verlorenen Krieg, der weit über sein Ende hinaus an uns allen gründlich herumzerrte.

Im Laufe der Zeit lerne ich so die Städtenamen in Süd-Deutschland nach ihren Universitätskliniken und nach ihren Zufahrtsbeschilderungen zu den Krankenhäusern zu sortieren. Die Topographie verschickt mich jetzt per Stellungsbefehl als Sohn in einem sterilen, grünen Kittel und mit einem Mundschutz an die Betten, an die Katheter und an die Infusionsständer auf den Intensivstationen.

Aus dem Sohn wird ein Angehöriger und aus dem Angehörigen wird ein Söldner am Krankenlager.

Die Operationen folgen immer rascher aufeinander. Die Kriegswunden bleiben an beiden Vätern kleben. Der eine wie der andere wechselt die Intensivstationen. Aus dem einen ziehen sie ständig Granatsplitter heraus und versuchen vergeblich seinen eitrigen Knochen wieder zurück zu stopfen in die Haut. Bei dem Anderen kann das zerschossene Bein den Körper nicht mehr tragen und der Magen zerbirst unter den Medikamenten. Es hörte nie wieder auf damit.

Ich begriff, was die Auflösung des Körpers zum Zeichen bedeutet. Es war eindeutiger, als eine ganze Philosophische Fakultät es mir hätte beibringen können. Der eine wie der andere Vater, sie werden beide zu flackernden, verwischten Schwarz-Weiß-Sequenzen aus einer anderen Zeit, die auf der Projektorspule verrutscht sind und von der Mitte aus zu den Rändern hin im Zelluloid verglühen. An genau dieser Stelle der Zeitrechnung frisst sich der Film fest und tötet seine Bilder.

Auf dem Nachttisch des einen Vaters steht jetzt ein großes durchsichtiges Gefäß, in dem es von feisten Blutegeln wimmelt, die auf den Eiter an seinem Ellenbogen angesetzt werden. Dem anderen Vater hängen sie die Gedärme an die Überwachungssensoren flimmernder Monitore, die mit einem schrillen Pfeifton die verkabelte Zufuhr der Opiate regulieren.

In dem Krankenbett daneben liegt ein junger Mann von der Freiwilligen Feuerwehr. Das im Feuer kochende Löschwasser hat ihn von oben überschüttet. Nur dort, wo der Helm den Kopf geschützt hat, sieht er jetzt noch halbwegs aus wie ein Mensch.

LOOP

Mein Vater kam aus dem Krieg, das war im Jahre 1942. Er kam aus Smolensk mit einem von Granaten zerfetzten Bein, mit dem er 18 Monate im Lazarett gelegen hatte. Das Bein war jetzt gute 12 Zentimeter kürzer und es sah übel aus.

Mein anderer Vater kam aus dem Krieg, das war im Jahr darauf, im Winter 1943. Er kam aus dem Mittelabschnitt im Osten und war unter einen höllischen

12 tote Pixel

Die Zweite Moderne kam aus einer abgelegenen Kneipe im Westend von Frankfurt. Zusammen mit einer künstlichen und auch mit einer etwas verkünstelten Realität, die sich virtual reality nannte. Und im Schlepptau von etwas, das sich, ohne auch nur im Geringsten darüber nachzudenken Der cyber space nannte.

Irgendwie waren Orson Welles und die Hysterie einer ganzen Nation über die manipulierte Landung der Marsmenschen tatsächlich in Vergessenheit geraten. In Berlin war gerade das neue space beer ziemlich angesagt und Helmut Kohl stolperte in den Kurzmeldungen der Tagesschau auf einem Wort herum, das damals noch ganz wichtig Daten-Autobahn hieß.

Das space beer hatte übrigens auf der Flasche aufgesprühten Weltraumstaub voller Spinnweben, die sofort unangenehm klebrig an den Fingern fest pappten.

Jedenfalls von da an bedeutete die Zukunft für einen Haufen Kinder, die nun alle in einer digitalen Spielzeugkiste aufwuchsen, etwas völlig anderes, als die Wehmut eines Joseph Roth über den Untergang der K. u. K. Donaumonarchie. Also die Bildschirme waren jetzt ganz groß im Kommen.

Aber gewisse Himmel werden einem letztlich vom Bräunungsstudio Malaria gezeigt. Oder von Mickey Rehmann. Oder von Jürgen Ploog. Die emsigen Netzwerke der Subkultur sind unbeirrbar.

William Seward Burroughs kam aus Kansas, um bei der Ausstellung seiner explosiven Farbexperimente im *waschsalon* in Frankfurt dabei zu sein. Ein nobler, älterer Herr mit einem Regenschirm, der unter seinem Gangsterhut aus den 40er Jahren seine listigen Augen aufblitzen ließ. Seine paintings in einem Kellergewölbe zusammen mit einer laufenden Waschmaschine auf einem Betonsockel sind ebenso radikal, wie sein Umgang mit der Sprache und mit der Wahrnehmung.

Auf dem Weg dorthin finde ich am Nachmittag auf dem Gehweg eine zerknüllte Seite aus einer Tageszeitung, deren Datum, auf den Kopf gestellt, sich scheinbar rückwärts lesen lässt.

Zufälle sind ein seltenes Geschäft auf diesem Planeten. Die Zeitung enthält einen Artikel über das Verhalten von Goldfischen, die in einer Raumkapsel ständig um die Erde kreisen.

Zurück in einem trostlos eisigen Winter in der leeren Waffenfabrik rufe ich mir dieses Bild immer wieder vor Augen. Es hat Minus 4 Grad und die Kälte hat sich überall festgefressen. Sie weht durch das weit offene Tor an der Nordseite herein während die Lastwagen der Kistenfirma mit ihren röhrenden Dieselmotoren durch den Hallenbau hin und her fahren. Sie kriecht durch die Löcher sämtlicher eingeworfener Fensterscheiben und sie steckt überall in dem kräftigen Frost, der in dem nassen Mauerwerk der Wände verrückte Muster aus Eis gebildet hat.

Die Tauben hocken in Reihen erstarrt zu Legionen dicht nebeneinander unter dem Glasdach fest. Sie hocken überall, auf den Stahlseilen und auf den Lastkränen, und sie haben vor lauter Kälte sogar vergessen, uns ständig mit Taubenscheiße zu bewerfen.

Um mich bei Laune zu halten, reiße ich die Holzplatten der Fußbodenverkleidung im ehemaligen Computerraum der Waffenfabrik heraus und besorge mir Werkzeuge und eine schwere Bohrmaschine mit verschieden Aufsätzen zum Fräsen. Dazu kistenweise giftige, alte Autolacke und einen scharf geschliffenen Zimmermannshammer.

Für mich sind Hände wie geschaffen, um zu arbeiten. Nicht, dass ich etwa zu blöde wäre, um zu begreifen, dass der Lauf der Dinge seine Paradigmen längst wieder einmal gewechselt hat. Von den Lagerfeuern hin zu den Reproduktionen der Utopie. Von einem in der Glut gebrannten Lehm hin zum bunten Hawaiihemd. Also die Bildschirme sind jetzt das ganz große Ding. Nur eben, dass Menschen eigentlich gar nicht dazu geboren sind, um in einer gemütlich warmen Bude zu hocken und vor irgendeinem flimmernden Viereck auszuharren.

Wie unendlich viele pixel heute wohl wieder im cyber space herum lungern?

Immer wieder rufe ich mir dieses Bild vor Augen. In der Umlaufbahn kreisen verstörte Goldfische und bewegen dabei lautlos ihre Lippen. Sie glotzen fassungslos auf unseren Planeten herab.

LOOP

Die Zweite Moderne kam aus einer abgelegenen Kneipe im Westend von Frank-

Die pneumatische Venus

Nach vielem hin und her Telefonieren kam die Kirche. Für die Kirche und für den Himmel da oben ist eine Waffenfabrik mitten in der Stadt nur eine von vielen, kleinen Erinnerungslücken, die man so hat.

Pfarrer Paul Gräb findet meine Evangelisten in den Darstellungen des Babylon Systems nicht ausreichend obszön genug. Herr Wein von der evangelischen Kirche bewundert mit Kennerblick die gelungene Konstruktion der Treppenabsätze in den Lichthöfen. Und Horst Schwebel vom Institut für Kirchenbau und kirchliche Kunst der Gegenwart, ist der Ansicht, dass meine Aufmärsche blutroter phallischer Fischleiber, in ihrer Ikonographie von Gewalt und Todestrieb, lediglich als das erste gültige Zeichen überhaupt und einzig als ein durch und durch reines Christentum verstanden werden sollten.

An meinen Ausführungen über Wilhelm Reich, über George Bataille und über Klaus Theweleit ist man nicht interessiert.

Dass ich darüber hinaus auch noch diese vor sich hin verrottende Industriebrache kurz vor ihrem Abriss und vor ihrem endgültigen Verschwinden als einen geeigneten Ort für einen Gedenkgottesdienst bezeichne, stößt ebenfalls auf wenig Gegenliebe.

Wir gedenken hier der geschundenen und getöteten Zwangsarbeiter. Wir gedenken der zerrissenen Familien und der verlorenen Heimat. Wir gedenken hier all jener, die ohne jemals irgendeine Uniform getragen zu haben, im Bombenhagel und Geschützdonner, die solide deutsche Wertarbeit in unseren Munitionsfabriken aus nächster Nähe kennen lernen durften.

Habt Dank für das sinnlose und willkürliche Morden. Wir gedenken der Frauen und Kinder in einem Krieg. Wir gedenken der erfolgreichen Vergewaltigungen, der prächtigen Brandschatzungen und der lustigen Massenerschießungen. Wir gedenken all dieser Kollateralschäden im Dienste von irgendwelchen hochgesteckten Zielen.

Gebenedeit sei die Frucht deines Leibes.
In Ewigkeit Amen.

Mit einer ganzen Menge Vorbehalten werden meine wuchernden Querverweise über die Error Taste in der Evolution und über die gerade anlaufenden

Klonprogramme nun im Parallelprogramm zur Documenta an den Wänden der gegenüber liegenden Alten Brüderkirche gezeigt. Allerdings erst nachdem eine überaus pfiffige und an William Blake geschulte Daniela Tandecki meine Texte zum Werk in eine bibeltreue Version umgeschrieben hat. Und natürlich auch erst nachdem die großformatigen Leinwandtücher mit lateinischen Titeln wie noli me tangere oder de profundis versehen wurden.

Die Ereignisse überschlagen sich. Über die Kirche bin ich dann plötzlich irgendwie im Fachbeirat der Konrad Adenauer Stiftung in Bonn gelandet. Erhardt Mayr zerstreut grinsend meine Bedenken. Schon Regis Debray hat, ausgestattet mit einem Stipendium von Sankt Augustin, die Schriften der 68er verfasst.

Gleich im Anschluss an Paul Celan werfe ich übermütig vietnamesische Hängebauchschweine von Grieshaber ins Rennen. Und schnell danach meinen geliebten Außenseiter Reinhold Metz mit seiner großartigen mittelalterlichen Buchmalerei über Cervantes und dessen Helden Don Quichote. Auch eine Projektkonzeption zur Geschichte der Rüstungsindustrie in Karlsruhe ist lange Zeit im Gespräch.

Tatsächlich findet nun die Ausstellung mit dem Titel Gemälde des Im- und Expressionismus von der Freundin der Ehefrau des Parteibonzen Soundso nicht mehr statt. Und eine weitere Ausstellung mit der Freizeitgruppe der malenden Polizeigewerkschaft lässt sich ebenfalls verhindern. Aber ich sitze dafür stundenlang in der Verwaltung für Kunst aus Südafrika und Osteuropa oder in Debatten über Förderungsstipendien und meine Empfehlungen.

Und das ist eigentlich alles, was sich erreichen lässt, wenn man sich in das System hinein begibt. Irgendwann verlaufen bestimmte Gespräche einfach immer mehr im Sand. Das System lässt dich zielstrebig ausbluten.

LOOP

Nach vielem hin und her Telefonieren kam die Kirche. Für die Kirche und für den Himmel da oben ist eine Waffenfabrik mitten in der Stadt nur eine von vielen, kleinen Erinnerungslücken, die man so hat.

Pfarrer Paul Gräb findet meine Evangelisten in den Darstellungen des Babylon

Heissa, Hossa – die Bundesrepublik

Die Musik meiner Zeit kam aus den gepressten Rillen einer schwarzen Scheibe aus Vinyl. Schon wenig später kamen die Musikkassetten hinzu. Schmale, dünne Magnetbänder, die sich gerne auf ihren Spulen verhaspelten.

Sie lieferten dennoch zuverlässig jenen Sound, der aus einem penetrant mechanischen Quietschen im Autoradiorecorder und einem herrlich übersteuerten Rauschen in den Lautsprecherboxen bestand.

Gelegentlich hatten diese schmalen Bänder auch die Angewohnheit in meterlangen, verdrehten Schleifen und in wirren Knoten zu enden. Doch wie unsere Songs sich da in einer perfekten Einheit zusammen mit endlos rollenden Kilometern unterwegs auf einer Fernstrasse abspulten, wird uns für immer eine unvergessliche Erleuchtung sein.

In den Tagen des Wassermanns kam ich von Zeit zu Zeit aus meinem kleinen Dorf in die Stadt. Anfangs wegen der Vinylscheiben, dann wegen einem Matrizendrucker für rätesyndikalistische Schriften und dann wegen der Demo gegen die Haftbedingungen der politischen Gefangenen. Klar, dass in dem alten VW die Ton Steine Scherben aus den selbstgebauten Boxen dröhnten.

Die Fächerstadt grüsste mit einer grauenhaft herzlich gemeinten Blumenrabatte in den Farben des markgräflich badischen Wappens und die Einfahrt zog sich schnurgerade auf einer damals ewig verstopften, zweispurigen Brauerstrasse dahin. Der Weg führte zwischen den hohen Mietshäusern der Südweststadt und den eng gegenüberliegenden, scheinbar kilometerlangen, tristen Mauern entlang, die massive Front der Industrie Werke Karlsruhe Augsburg.

Große Anteile der Aktien gehörten schon immer der Dynastie Quandt. Wehrwirtschaftsführer Quandt hatte es dabei raus, auf dem Rücken seiner Zwangsarbeiter das Familienvermögen zu vergrößern und es dann von der Diktatur in die Demokratie zu retten. Nach dem Krieg versuchten die Quandts sich schließlich äußerst raffiniert als Opfer des Dritten Reichs einzurichten. Und irgendwie schafften sie es sogar, sich als Mitläufer entnazifizieren zu lassen.

Hinter einer niederschmetternden Flucht aus verrußtem Backsteinwerk und aus staubblinden Fenstern erstreckte sich die Industrieanlage zwischen Lorenz- und Brauerstrasse von der Südendstrasse bis zur Gartenstrasse. Mehr als nur ein ganzes Stadtviertel war es ein unberührbarer, ein umgrenzter eigener Staat in dieser Stadt. Das Areal aus Produktionshallen, aus Schloten und Kaminen, aus Lagerhallen, Werksgebäuden und Verwaltungsfluren, aus Baracken und dem schmutzig trüben Himmel der Sheddächer folgte eigenen Gesetzen.

Wer das Geld hat, der hat die Macht. Und wer die Macht hat, der hat das Geld.

Aus meinen selbstgebauten Lautsprecherboxen dröhnte die Musik von Rio Reiser gegen ein Tausendjähriges Reich aus Sklavenhändlern, aus Lügen und aus Profit.

Filme laufen. Möbel kaufen. Die Richter kaufen. Das Volk kaufen. Kanonen schuften. Für Wen?

In dieser finsteren Schlucht, in Benzinschwaden hineingequetscht, schob sich der alte VW vorwärts auf der Brauerstrasse. Es war ein Leichtes, das Wort Moloch gründlich dazu zu lernen. Es war ein Wort, das bei der Einfahrt gleich nach der freundlichen Blumenrabatte nur allzu deutlich auftauchte.

In meinen Erinnerungen und in den Erinnerungen etlicher anderer spielt das eine große Rolle. Egal, wie sich die Dinge später änderten. Man muss sich immer wieder entscheiden, auf welcher Seite man steht.

Es gibt neue Lügen und es gibt alte Lügen. Aber eines ist gewiss. Die Wahrheit ist nicht wirklich heimatlos. Sie ist ein Ort, an dem wir uns immer wieder über den Weg laufen werden.

LOOP

Die Musik meiner Zeit kam aus den gepressten Rillen einer schwarzen Scheibe aus Vinyl. Schon wenig später kamen die Musikkassetten hinzu. Schmale, dünne Magnetbänder, die sich gerne auf ihren Spulen verhaspelten.

Sie lieferten dennoch zuverlässig jenen Sound, der aus einem penetrant mechanischen Quietschen im Autoradiorecorder und einem herrlich übersteuerten Rauschen in den Lautsprecherboxen bestand.

Gelegentlich hatten diese schmalen Bänder auch die Angewohnheit in meter-

Transformatoren, Elektronen und Bitumen

Mit dem Ende des Herbstes kamen riesige Schwärme Zugvögel aus allen Teilen der Stadt und versammelten sich auf der weiten, leeren Abrissfläche. Dass dabei, direkt vor ihrer Nase, irgendeine Kulturabteilung der Fächerstadt dem besetzten Teil der Ateliers gerade wieder einmal die Eingangstür zugeschweißt und uns überdies den Strom abgeklemmt hatte, bedeutete ihnen gar nichts.

Ich schiebe einen Korbstuhl vor das Fenster und schaue ihnen neugierig zu. Ohne Strom lässt sich in der Dämmerung schließlich nicht allzu viel arbeiten. Noch ist die einstige Anordnung der nach und nach verschwundenen riesigen Werkshallen in den unterschiedlich hellen Flickmustern auf dem Erdboden gut zu erkennen. Über dem von Raupenketten zersiebten Schutt weht ein dünner, feiner Kalkstaub seine Schlieren aus Ocker und Terracottatönen.

Vor dem Hallenbau A dehnt sich nun eine restlose Leere aus. Eine minimalistische Bühne. Nur auf dem schmallippig zusammengekniffenen Horizont steht weit entfernt eine giebelseitige Gebäudereihe als Faltpanorama entlang der Brauerstrasse. Wie die Musterkollektion einer Modelleisenbahn schmiegen sich dort die Häuser in der Dämmerung Schulter an Schulter warm aneinander. Sie winken zu uns herüber mit der Inbrunst von goldenem Herbstlaub in der Sonne.

Sie leuchten mit einer Perlenschnur aus Straßenlaternen und mit hellen Fenstern. Und dann schiebt sich vor dieses Wintermärchen tatsächlich auch noch lautlos und träge eine große schwarze Limousine in das Bild. Als wäre sie auf der Gehaltsliste von irgendeinem James Bond Klassiker. Auf ihren schweren, breiten Reifen rollt sie mit getönten Scheiben durch den feinen Staub. Sie hält an und steht still auf einer völlig leeren Fläche aus Schutt und aus flach planierter Erde.

Die Limousine verharrt exakt in der Mitte einer für immer verschwundenen Welt. Die Zeit hält den Atem an. Es geschieht absolut nichts. Wir harren beide aus. Ich in einem Korbstuhl hinter dem Fenster. Und eine schwarze Limousine auf einem weiten, leeren Platz.

Krähen haben sich zu Tausenden niedergelassen, scharren aufgeregt auf dem Boden und warten auf ein Signal. Über den Himmel kippt plötzlich ein Leuchtspiel der Farben. Üppigstes Kodak und Fuji Color im Breitwandformat. Grelles Orangeviolett mischt sich brünstig in rosérot getränktes Feuer. Zornige Wolken ergießen sich aufgewühlt in wild wirbelnde Strudel und zerren dämonisch knisternde Schweife über das Bild. Ein Herbststurm fegt herbei und weht zerfleddertes Papier herum. Alles ist bereit für das Duell.

Die Tür öffnet sich einen Spalt breit und auf der Fahrerseite steigt ein Mann in einem Trenchcoat aus der Limousine aus. Er geht mit ruhigem Schritt um den Wagen herum. Seine Hände sind tief in den Manteltaschen vergraben. Nachdem er am Heck des Wagens angekommen ist, öffnet er in Zeitlupe mit beiden Händen den Kofferraum. Der Deckel des Kofferraums steht nun offen und der Mann blickt sich kurz um.

Er trägt Handschuhe aus schwarzem Leder und bestimmt holt er nun eine Leiche aus dem Kofferraum der Limousine. Die Leiche bleibt dann in einen Teppich verschnürt dort im Niemandsland liegen und der Wagen fährt davon. Und nicht einmal die Krähen interessieren sich dafür und ziehen gelangweilt das Genick ein.

Doch der Film ist ein anderer. Die schwarzen Handschuhe heben ein winziges, zartes Etwas aus dem Kofferraum und setzen es vorsichtig auf der Erde ab. Auf einem gotischen Gemälde stürzen plötzlich die glühenden Strahlen einer an Gott mahnenden Sonne in mikroskopisch gezogenen Pinselstrichen auf das Abrissgelände. Gleißendes Magenta pulsiert am Himmel – das Inferno. Ein silberner Degen blitzt auf und ich erkenne sofort die Antenne der Funksteuerung.

Ein heller Trenchcoat steht neben einer finsteren Limousine und jagt in einer irren Geschwindigkeit ein winziges Modellauto immer wieder im Kreis um die große Limousine herum. Die Krähen fliegen sofort überall auf und verdunkeln den Himmel.

Ich schaue von meinem Korbstuhl aus zu und tatsächlich: Das winzig kleine Auto ist eine exakte Kopie von dem großen Wagen.

LOOP

Mit dem Ende des Herbstes kamen riesige Schwärme Zugvögel aus allen Teilen der Stadt und versammelten sich auf der weiten, leeren Abrissfläche. Dass dabei, direkt vor ihrer Nase, irgendeine Kulturabteilung der Fächerstadt dem besetz-

Die Ästhetik des Überflüssigen

Shakespeare kam mit dem Lastwagen. Sie stellten ihn zu den anderen in eine Ecke. Im Lichthof nebenan war Büchners Woyzeck wirr durcheinander geworfen. Und Tschechow türmte sich zusammen mit Mrs. Doolittles grünem Pflanzenkübel und Peterchens Mondfahrt bis zu der Decke der Seitengänge hinauf. Es war ein großartiges Spektakel.

Die Kulissenwände des Theaters hielten Einzug mit dem Getöse riesiger Trojanischer Pferde. Hölzerne Ungetüme, unwirklich und untröstlich menschenleer. Monatelang rücken sie nach und in den Nächten kann man hören, dass sie mit den Hufen scharren und dass ihre Nüstern schnauben.

In den Geruch aus Stahl, Maschinenöl und Beton mischt sich jetzt ein Hauch von Brüsseler Spitze, der in das zierliche Taschentuch einer Dame aus dem 19ten Jahrhundert eingewebt ist. Das mit Fliederduft parfümierte Tüchlein segelt im Vorbeigehen wie achtlos einer Hand entglitten herab und ein kokett über die Schulter geworfener Blick fordert mich auf, mich auf ein weiteres kleines, pikantes Abenteuer einzulassen.

Heinz Jürgen Pelz ist ein Mann, der das Höhlentauchen liebt. Die schrundigen Spuren in seinen Ölfarben erinnern an die geheimnisvollsten Ablagerungen der Erdgeschichte. Er hat Dinge gesehen, die niemals das Licht der Welt erblicken werden. Im Schein seiner Taucherlampe schillert ein versunkenes Universum, das zum allerersten Mal von einem menschlichen Auge betrachtet wird. Grotten und Paläste. Stalaktiten und unberührter Lehm.

Ein Ursprung aus Verdichtung und Verrottung. Millionen unbekannter, rätselhafter Jahre, deren gewaltiger Kern, ein durch Gasexplosionen verdichteter Planet, allen Bemühungen zum Trotz den Sinn unseres eigenen Daseins offen lässt. Aus Vergänglichkeit und aus bedeutungslosen Taten heraus werden wir in das Leben geworfen. Zweibeinige zerrupfte Wesen, die in das Buch der Geschichte geschrieben sind. Aber ob dieses Buch überhaupt existiert ist im Anblick reiner Materie, tief unter der Erdoberfläche, nicht wirklich gewiss.

Dort ist eine Welt, die so einsam und so kalt ist wie der eisige Winter in einer Industriebrache. Nur wenige halten das aus. Aber der Mann mit seinen schrundigen Ölfarben und mit seinen Augen hinter einer Tauchermaske ist genau der Richtige, um ihn mit an Bord zu holen.

Mit dicken Tauen und mit einem Flaschenzug ziehen wir die Kulissenwände in den ersten Stock hinauf. Eine nach der anderen hieven wir über das Geländer. Eine nach der anderen schrauben wir die Wände entlang der Säulen nebeneinander fest. Die Kulissen sind aus bestem Holz gearbeitet, auf den Rückseiten beschriftet und mit Nummern versehen. Schneewittchen, dritter Akt, zweite Szene steht nun neben den Physikern von Dürrenmatt, die sich in einem Irrenhaus darüber streiten, wohin die Spaltung der Atome überhaupt führt.

Stoß an Stoß mit der Innenwand des Irrenhauses steht eine Balkonszene ohne Balkon. Den Balkon haben wir unten bei den Trojanischen Pferden gelassen, wo seine Scharniere und die Verbindungswinkel langsam vor sich hin rosten. Auf einer idyllischen Schlosskulisse, mit einer Herde grasender Schafe im Hintergrund, hat die Theaterwerkstatt jene Stelle in der Szenerie einfach ausgespart, auf welcher der massive Balkon bei den Aufführungen die Sicht völlig verdeckt. Fast in allen malerischen Kulissenwänden tauchen solche nackten, leeren Zeitlöcher im Bild auf und lassen irgendetwas verschwinden.

Wir schrauben den Zerbrochenen Krug an der Endstation Sehnsucht fest. Es geht flott voran. Der Zerbrochene Krug hat die Nummer 43 B, aber das dazugehörige zweite Teil mit der Nummer 43 A ist nirgendwo zu finden. Also hieven wir stattdessen Wagners Parsifal über das Geländer und nageln eine Szene in einem mit Wandteppichen geschmückten Rittersaal an dem halben Krug fest.

Den Abschluss dieser grob gezimmerten Galerie bildet ein echter Knüller. Warten auf Godot von Samuel Beckett spielt vor einer monochromen Wand voller moosgrüner Wasserflecken und Schimmelsporen und passt sich den realen Bedingungen rundum hervorragend an. Schon allein die mit sensibler Hand aufgesetzten akribischen Spinnweben stellen die Realität auf einen harten Belastungstest.

Nachdem wir dann eine Eingangstür einfach ausgesägt haben, ist das dritte besetzte Atelier im Hallenbau A praktisch schon betriebsbereit. Wir pinkeln gemeinsam durch das Geländer auf einen Stapel gemütlicher Waldlichtungen aus Schillers Räuber hinunter. Der Winter kann für den Mann mit den schrundigen Ölfarben jetzt ruhig zeigen, was er sonst noch so zu bieten hat.

LOOP

Mein Leben als misslungenes Hobby

Ich war als Nomade gekommen, um im Frühjahr wieder zu gehen. Mein Werk bestand aus Ideen, aus Verwerfungen und Verweigerungen, die an jedem beliebigen Ort der Welt, allein mit den gegebenen Mitteln, umgesetzt werden konnten. Meine Gedanken drehten sich um Recherchen, um Beobachtungen der Wahrnehmung und um die Fülle der Querverweise oder um das Phänomen der Zeit im Bild.

Die Frage aller Fragen war dabei die nach der Aufgabe und nach der Funktion des Künstlers in der Gesellschaft. Jene Frage nach einer menschlichen Würde des künstlerischen Beitrags abseits von Romantik und Kommerz. Wie immer war ich auf der Suche nach Mitteln der Aktion, der Einmischung und der Selbstbestimmung.

Mit dem Zyklus Monet-Vietnam hatte ich die Grundlagen ausgearbeitet. Aber mit der Gegenüberstellung von Grünewalds Kreuzigung von 1526 und einem scheinbar zufälligen Pressefoto war ich offensichtlich einen Schritt zu weit gegangen. Zusammmen mit den verwackelten und zerhackten Bildfolgen eines Abraham Zapruder Films, der als Loop weltweit über Satelliten auf uns herabgeschleudert wurde, verkündete dieses Pressefoto das schöne, neue Zeitalter absolut perfekter medialer Lügen.

Auf dem inszenierten Schnappschuss, der im Kellerflur des Gerichtsgebäudes in Dallas gemacht wurde, sehen wir Lee Harvey Oswald, einen Messias seiner medialen Existenz, im traditionellen Kompositionsschema der Kreuzigung. Im Hintergrund Jack Ruby in der Rolle der heiligen Sünderin Maria Magdalena.

Zeitsynchron und massensynchron haben zum ersten Mal Millionen von Menschen überall auf der Welt jene Sekunden in sich aufgesaugt, in denen vor ihren Augen ein Präsident der Vereinigten Staaten von mehreren Gewehrkugeln getroffen wird. Doch die tatsächliche Beweisführung der farbig verzerrten Bilder geriet plötzlich zu einer Beweisführung der Manipulation von virtuellen Bildern.

Durch den Aufmarsch an bunten Bildern ließ sich jetzt eine lähmende Trance inszenieren. Etwas, das von den Menschen einfach so hingenommen wurde.

Und die mediale Effizienz erkannte sofort ihre Überholspur und gab bereitwillig Gas. Winzige Partikel aus Farbe und Licht setzen sich in der Pupille zu einem

Bild zusammen, das ebenso gleichgültig ist gegenüber seiner Wahrheit oder gegenüber seinen Fälschungen, wie es zielstrebig ist in seinem Betrug.

Nur einige wenige sind interessiert, einer kritischen Auseinandersetzung mit dieser Sache zu folgen. Kultivierte kleingeistige Dekorateure haben das Sagen in der Stadt, und für den städtischen Raum verlangt man nach einer tadellosen Beliebigkeit. Mehr und mehr werde ich auf Grund der Babylon Tapes hinter meinem Rücken als unerwünschte Person abgestempelt. Und dies *Aus guten Gründen,* wie man mir stets freundlich mit den Zähnen lächelnd versichert.

Schließlich bleibt mir nichts anderes übrig, als mir meine eigene Öffentlichkeit zu schaffen. Bei einer großen Festveranstaltung im Kunstverein besetze ich kurzerhand das Rednermikrophon. Die Vehemenz meiner Decollage ist unüberhörbar. Diese Stadt ist verseucht von Blumenstilllleben und toten Bambis. Sie ist verblödet in ihren Schrebergartenidyllen, in ihrem Gemauschel und in ihren biederen Hofstaat-Paraden. Eine völlig mutlose Selbstherrlichkeit, die wohlig in ihren Behörden und Rathaussesseln fest hockt und sich, per Kulturreferats-guillotine, ständig vergewissert, dass allein parasitäre Perückenmacher und Jongleure Zutritt zu den Töpfen haben.

Wir kennen das Geräusch, wenn die Luft entweicht. In den vorderen Rängen örtlicher Kulturbonzen, örtlicher Seidenschal-Boheme und der amtlichen Würdenträger herrscht nun eisiges Schweigen.

Dabei fängt das Eigentliche erst an. Es geht mir nämlich vor allem und in erster Linie um die neu aufmarschierenden Fußballfreunde. Fußballfreunde, das ist in den 1980er Jahren ein Ausdruck politischer Sprachregulierung, wenn besoffene Arier in Deutschland einen Andersdenkenden oder einen Rollstuhlfahrer „einfach platt machen". „Einfach platt machen", das bedeutet, dass hinterher Menschen „einfach" tot sind, – aber selbstverständlich gibt es bei uns in der Fächerstadt natürlich überhaupt gar keine Nazis.

In einer Stadt altehrwürdiger Burschenschaften, in der es bei Bedarf gerade noch geduldet wird, dass der hier tätige kritische Realist Karl Hubbuch das Bundesverdienstkreuz für seine sozialkritischen Darstellungen erhält, könnte eine künstlerische Auseinanderstzung mit dieser Thematik durchaus eine Herausforderung darstellen. Zum Beispiel, um einmal die Grötzinger-Tulpenmädchen-Aquarelle oder die heiteren Reblandschaften in der Städtischen Galerie mit einem heißen Diskussionsbeitrag etwas aufzumischen.

Kunst soll ja doch auch irgendwie ein Spiegel der Gesellschaft sein. Unser Kulturreferent der Stadt, Herr Dr. Heck, hat das tatsächlich einmal in einer Laudatio erwähnt. In den folgenden Tagen fanden verschiedene Zeitungsartikel das nun durchaus amüsant. Unruhe breitete sich aus in der Stadt und bei den zuständigen Stellen.

Ich erhalte überfallartig ein Telefonat, dass man ja eigentlich schon lange in Erwägung gezogen habe, eine künstlerische Arbeit von mir zu erwerben. Ob ich denn nicht etwas anderes hätte, als ausgerechnet das irritierende Any Nazi You Like, ein nettes Blumenstillleben vielleicht?

Ich sage Nein. Zähneknirschend erwirbt man das Bild für die Städtische Galerie. Es landet ohne Umschweife sicherheitsverwahrt in einem Depot.

Die Bundesrepublik steuert nun auf Mölln, Rostock und Hoyerswerda zu. Und die Fächerstadt steuert langfristig auf einen Kultur-Bürgermeister zu, der mich gute zwei Jahrzehnte zu spät *Aus guten Gründen* händeringend um einen kleinen Beitrag für die offizielle Betroffenheits-Kampagne Künstler gegen Rechts bittet.

Ob ich da eventuell vielleicht ein kleines Blumenstillleben hätte?

LOOP

Ich war als Nomade gekommen, um im Frühjahr wieder zu gehen. Mein Werk bestand aus Ideen, aus Verwerfungen und Verweigerungen, die an jedem beliebigen Ort der Welt, allein mit den gegebenen Mitteln, umgesetzt werden konnten. Meine Gedanken drehten sich um Recherchen, um Beobachtungen der Wahrnehmung und um die Fülle der Querverweise oder um das Phänomen der Zeit im Bild.

Die Frage aller Fragen war dabei die nach der Aufgabe und nach der Funktion des Künstlers in der Gesellschaft. Jene Frage nach einer menschlichen Würde des künstlerischen Beitrags abseits von Romantik und Kommerz. Wie immer war ich auf der Suche nach Mitteln der Aktion, der Einmischung und der Selbstbestimmung.

Die schönsten Wanderwege
durch unser Parallel Universum

Im Frühjahr kam dann das Wasser aus den Wänden geschossen. Während draußen eine milde Sonne bereits Holunderzweige und dicke Birkenstämme mitten auf der Werksstrasse überall durch den Asphalt treiben ließ, hielt sich innen der Frost noch tief im Mauerwerk fest.

Es war klamm und wie ein gemütskranker Schatten schlich ich in der alten Waffenfabrik herum. Die feuchte Kälte steckte in den Knochen, in den Bildern und vor allem in den Sohlen unförmiger Mondstiefel fest. Erst langsam, zum Juni hin, fingen die Wände an zu tauen und zu schwitzen.

Aus allen Poren des riesigen Gebäudes flossen die Rinnsale an den Wänden herunter und in allen Stockwerken bis unter das Dach standen ölige Wasserpfützen. Einige waren verblüffend tief und hatten gigantische Ausmaße. Eine weitläufige Seenlandschaft zog sich mit ihren schillernden Spiegelungen kreuz und quer durch die Hallen. Und in den Treppenfluren schossen gewaltige Wasserfälle unaufhörlich Stufe für Stufe herab.

Das monotone, murmelnde Plätschern in den Nächten füllte die Lichthöfe mit der unwirklichen Tonspur aus einer Collage von Max Ernst.

Ich finde Unterschlupf bei Annette unter dem Dach. Annette hat herrliche leuchtend rote Haare und großartige Sommersprossen. Mit ihr muss man nicht ausdiskutieren weshalb es absolut idiotisch ist, mit einer fristlosen Kündigung der Ateliers im Lichthof 2 weiterhin brav die Miete auf ein ominöses Konto irgendeiner Kultur-Abteilung im Rathaus zu überweisen.

Unter dem Dach watet man durch graue Taubenscheiße und das wirr durcheinander geworfene Gerümpel erinnert dumpf an Luftangriffe und Bombenschäden und muss erst einmal wochenlang beiseite geschafft werden. Beim Kalken der steilen Dachschrägen werde ich fast blind, und das Verlegen der elektrischen Anschlüsse ist so spannend wie der Geschlechtsverkehr mit einer Starkstromleitung.

Schließlich haben wir, weit ab von den anderen im Stockwerk darunter, einen Raum abgetrennt, der wie eine lang gezogene, riesige, weiße Zeltkonstruktion über uns schwebt. Das Ganze hat den Charme einer unbeugsamen Maginot-Festung. Durch eine kleine Stahltür im hinteren Bereich gelangt man hinauf auf den Turm und von dort aus hat man eine fantastische Aussicht auf die beeindruckenden Fortschritte, die der Abriss auf dem Gelände inzwischen macht.

Sonderbarerweise schluckt dieser weiße Raum den Schall. Und das Tageslicht gelangt nur durch eine Handvoll halbrunde, erbärmlich winzige Fenster in den Dachgauben herein. Es erinnert an die Haftbedingungen in einem isolierten Trakt in Stuttgart Stammheim. Ich bin jetzt vollständig von der Außenwelt und von jeglichem Zeitbegriff abgeschnitten.

Monatelang höre ich weder ein Vogelgezwitscher noch die Autos auf der Brauerstrasse und ich sehe weder das Frühjahr noch Sterne oder den Mond. Für mich ein interessantes Experiment mit den Sinnen. Um diesen Zustand näher zu erforschen, stelle ich einzig einen kleinen Holztisch mit einem Stuhl mitten in den leeren Raum hinein und beginne mit Zeichnungen auf kleinen Zetteln. Wird dieser gigantische, dreieckige, weiße Raum einen Einfluss auf meine Zeichnungen ausüben?

Ich habe es nie herausgefunden.

Am Schluss fühle ich mich so leer wie das Gelände auf dem die Bagger mit ihren Kettenraupen gerade an den letzten Unebenheiten herum planieren. Um mich wieder zu Recht zu finden, taste ich mich zurück zum Körper, um ihn nun ähnlich einem Vexierbild hin und her kippen zu lassen.

Kippfiguren konnte man in meiner Kindheit aus dem Kaugummiautomaten ziehen und in psychoanalytischen Werken wird immer wieder gerne eine Abbildung verwendet, in der das Bild einer jungen Tänzerin in das Porträt einer verhutzelten Greisin umschlägt. Meine Körperdarstellungen in dem neuen Zyklus sind nun androgyne lebensgroße Gegenüber, die förmlich aus dem Format heraus platzen und ihre perspektivischen Konditionen permanent verschieben.

Bald liegen dutzende schmale Kartonbahnen mit ihren von der einen in die andere Stellung kippenden Körpern überall auf dem Betonfußboden verteilt. Für Dienstag haben die Nachrichten einen Wolkenbruch angekündigt. Aber am Freitag scheint wieder hell und freundlich die Sonne auf dem Weg ins Atelier.

Doch als ich die Tür unter dem Dach aufschließe, sehe ich, dass der Platzregen mit einer völlig unfassbaren Überschwemmung den ganzen Raum knöcheltief unter Wasser gesetzt hat. Etliche Monate Arbeit dümpeln jetzt in einer trüben, schmutzigen Brühe herum, in der dutzende von aufgeschwemmten Leibern ein letztes Mal wie gekrümmte Föten vor sich hin zucken.

LOOP

Im Frühjahr kam dann das Wasser aus den Wänden geschossen. Während draußen eine milde Sonne bereits Holunderzweige und dicke Birkenstämme mitten auf der Werksstrasse überall durch den Asphalt treiben ließ, hielt sich innen der Frost noch tief im Mauerwerk fest.

Es war klamm und wie ein gemütskranker Schatten schlich ich in der alten Waffenfabrik herum. Die feuchte Kälte steckte in den Knochen, in den Bildern und vor allem in den Sohlen unförmiger Mondstiefel fest. Erst langsam, zum Juni hin, fingen die Wände an zu tauen und zu schwitzen.

Aus allen Poren des riesigen Gebäudes flossen die Rinnsale an den Wänden herunter und in allen Stockwerken bis unter das Dach standen ölige Wasserpfützen. Einige waren verblüffend tief und hatten gigantische Ausmaße. Eine weitläufige Seenlandschaft zog sich mit ihren schillernden Spiegelungen kreuz und quer durch die Hallen. Und in den Treppenfluren schossen gewaltige Wasserfälle unaufhörlich Stufe für Stufe herab.

Das monotone, murmelnde Plätschern in den Nächten füllte die Lichthöfe mit der unwirklichen Tonspur aus einer Collage von Max Ernst.

Ich finde Unterschlupf bei Annette unter dem Dach. Annette hat herrliche leuchtend rote Haare und großartige Sommersprossen. Mit ihr muss man nicht ausdiskutieren weshalb es absolut idiotisch ist, mit einer fristlosen Kündigung der Ateliers im Lichthof 2 weiterhin brav die Miete auf ein ominöses Konto irgendeiner Kultur-Abteilung im Rathaus zu überweisen.

Unter dem Dach watet man durch graue Taubenscheiße und das wirr durcheinander geworfene Gerümpel erinnert dumpf an Luftangriffe und Bombenschäden und muss erst einmal wochenlang beiseite geschafft werden. Beim Kalken der steilen Dachschrägen werde ich fast blind, und das Verlegen der elektrischen Anschlüsse ist so spannend wie der Geschlechtsverkehr mit einer

Irrtum macht keine Fehler

Der Leichenwagen kam leise auf den Hof gerollt. Die Ankunft eines Leichenwagens bedeutet immer dasselbe. Irgendetwas ist gründlich schief gelaufen. Die Sache stand überall in den Zeitungen, aber für eine große Show im Fernsehen war es nicht wirklich wichtig genug.

Man kann es sich vorstellen. Polizeisirenen und Blaulicht jagen durch die Nacht und eine dünne Linie aus trockener Kreide bildet den Umriss eines Menschen ab. Ein paar Jugendliche waren auf den Glasdächern herum geturnt und danach mussten sie einen 17-Jährigen vom harten Beton des Fußbodens herunter kratzen.

Im Hallenbau A wimmelt es oft von Gestalten, die dort einfach nur herumstreunen. Meistens sind sie zu jung, um dabei schlau zu sein. Sie überziehen die Wände mit Graffities und Sprüchen aus ihren Sprühdosen und werfen reihenweise die Fensterscheiben ein. Den Bauspekulanten kommt so etwas gerade recht. Die Gebäude verrotten dann in kürzester Zeit und werden dadurch umso schneller ohne besondere Umstände zum Abschuss frei gegeben.

Von überall her werden die Gaffer angezogen wie Schmeißfliegen von einer Schwarzwälder Kirschtorte. Alkoholiker auf der Suche nach einem Platz zum Saufen. Stinkende Penner auf der Suche nach einer Ecke zum Schlafen oder zum Urinieren. Neugierige Sonntagsspaziergänger und Abiturienten mit ihren Fotoapparaten. Sie stolpern über das Gelände und bestaunen die Trümmerhaufen. Sie schrauben verrostete Schilder ab und sammeln Souvenirs für daheim.

Polen rollen mit ihren klapprigen Pritschenwagen an und schleppen die unhandlichen, schweren Stahlregale davon. Und von Zeit zu Zeit schauen sogar Künstler aus der Stadt vorbei und bestaunen das Panoptikum der Künstler in der IWKA auf der Südseite in ihren Bretterverschlägen. Ohne Ende jammert man in der Fächerstadt über die erdrückende Ateliernot und bewundert die riesigen, leeren Hallen. Aber niemand hat so richtig Lust dort im Winter auszuharren.

Es ist eine absurde Situation. Da ist endlich Platz genug für alle, die bereit sind, etwas zu tun und für ihre Kunst und für ihre Arbeit die nötigen autonomen Voraussetzungen zu schaffen. Doch sie sind sich dann irgendwie zu fein dafür. Und riesige, leere Hallen stehen einfach weiter leer. Bis heute ist so der Mangel an geeigneten und bezahlbaren Atelierräumen peinlich genau zu erklären.

In einem Garten hinter dem Gebäude hat vor Jahren ein Mann ein kleines Mädchen vergewaltigt. Und mehr als 600 Zwangsarbeiter sind irgendwie verreckt, aber eben nicht irgendwo. So etwas Ähnliches steht inzwischen sogar auf einer Tafel aus Bronze an der Außenfassade des Hallenbau A. Jeder Flecken Erde und jeder Flecken Beton in diesem Gebäude hat seine eigene Geschichte.

Es bleibt bei der mündlichen Überlieferung bis die Legenden endgültig sterben. Weil es nie aufgeschrieben wurde. Weil niemand will, dass es aufgeschrieben wird. Oder eben auch weil es gelegentlich durchaus Bemühungen gibt, dass nichts davon allzu bekannt wird.

Noch kann man den Beton mit den eigenen Händen berühren und spürt das Vergessen durch die Fingerspitzen gleiten. Ich habe die Einschusslöcher im Gebäude nie gezählt. Und ich habe nie eine Antwort erhalten auf meine Fragen nach jenem unterirdischen System das tief unter dem Boden der Waffenfabrik und weit reichend unter dem ganzen Gelände angelegt wurde.

Jene geheime Kommandosache einer nicht gerade unbedeutenden, aber in verblüffender Weise hinterher offiziell als kriegsunnötig bezeichneten, militärischen Anlage im Zweiten Weltkrieg. Sämtliche Baupläne sind ja auch eines Tages plötzlich verschwunden. Die Legende überliefert da eigentlich nur, dass es Anfang der 1990er gewesen sein soll, als nämlich die Umstrukturierung der übrig gebliebenen Architektur in ein Museum für Kunst und neue Medien die Interessenslage gerade grundlegend verändert hatte.

Wenige Tage nach der Geschichte mit dem Leichenwagen kam eine Werbeagentur mit ihren Filmkameras. Sie stellen ihre halbnackten Models in modischer Unterwäsche an der Nordseite vor die Installationen und vor die riesigen bunten Leinwände des 99 Komma 9 Projektes zum Erhalt des Hallenbau A. Für ihre Scheinwerfer haben sie unseren Strom geklaut und einer der Rollwagen ist hinterher verschwunden.

Diese Typen sind zugekokst und fuchteln mit ihren Kameras herum. Schon seit langem ist das marode Flair von Industriebrachen zum salonfähigen Ambiente aufgestiegen. Auf der gezackten Stahltreppe knutschen zwei geschminkte Lesben und reiben ihre Schenkel aneinander. Von dort haben sie einmal einen jungen Arbeiter, der Mitglied in der Kommunistischen Partei war, über das Geländer runter geworfen.

Kurz vor Mitternacht halte ich einen auf dem Gelände Streife fahrenden Polizeiwagen an und lasse sie alle rausschmeißen.

Besetzer sind ja immer der beste Teil der Security. Wir müssen höllisch aufpassen, dass nicht die falschen Leute im Gebäude unterwegs sind. Und die Polizei ist uns ja auch dankbar für jeden Tipp, wenn verdächtige Personen hier ihr Unwesen treiben. Verdächtige Personen, das heißt in diesem Fall verblüffender Weise irgendwelche Idioten, die nicht einmal wie wir als illegale Atelierbesetzer anerkannt sind.

Die beiden Polizisten grüßen uns freundlich zum Abschied und fahren weiter ihre fürsorgliche Streife.

LOOP

Der Leichenwagen kam leise auf den Hof gerollt. Die Ankunft eines Leichenwagens bedeutet immer dasselbe. Irgendetwas ist gründlich schief gelaufen. Die Sache stand überall in den Zeitungen, aber für eine große Show im Fernsehen war es nicht wirklich wichtig genug.

Man kann es sich vorstellen. Polizeisirenen und Blaulicht jagen durch die Nacht und eine dünne Linie aus trockener Kreide bildet den Umriss eines Menschen ab. Ein paar Jugendliche waren auf den Glasdächern herum geturnt und danach mussten sie einen 17-Jährigen vom harten Beton des Fußbodens herunter kratzen.

Im Hallenbau A wimmelt es oft von Gestalten, die dort einfach nur herumstreunen. Meistens sind sie zu jung, um dabei schlau zu sein. Sie überziehen die Wände mit Graffities und Sprüchen aus ihren Sprühdosen und werfen reihenweise die Fensterscheiben ein. Den Bauspekulanten kommt so etwas gerade recht. Die Gebäude verrotten dann in kürzester Zeit und werden dadurch umso schneller ohne besondere Umstände zum Abschuss frei gegeben.

Von überall her werden die Gaffer angezogen wie Schmeißfliegen von einer Schwarzwälder Kirschtorte. Alkoholiker auf der Suche nach einem Platz zum Saufen. Stinkende Penner auf der Suche nach einer Ecke zum Schlafen oder zum Urinieren. Neugierige Sonntagsspaziergänger und Abiturienten mit ihren

51 Wege Marcel Duchamp die Tür vor der Nase zuzuknallen

Vom Kulturamt oder von der Stadt kam natürlich nie jemand persönlich vorbei. Sie schickten ihre amtlichen Schreiben und dann schickten sie ihre Erfüllungsgehilfen. Wahrscheinlich haben sie das in irgendwelchen Fortbildungskursen für Führungskräfte gelernt. Sehr geehrte Damen und Herren, in der heutigen Lektion lernen wir wie man den Druck auf das Gesindel erhöht.

Aber Georg Schalla hat noch am gleichen Tag einen Stromgenerator und dazu etliche Kanister Diesel besorgt und sich sofort eine Telefonleitung in das besetzte Atelier legen lassen, um sämtliche zuständigen oder nicht-zuständigen Bremsklotz-Abteilungen im Rathaus mit lautstarken Beschimpfungen zu bombardieren.

Und das mit den zugeschweißten Eingängen wurde im Handumdrehen mit einem Brecheisen oder mit einer von den Bauarbeitern auf dem Abrissgelände geliehenen Flex wieder in Ordnung gebracht. Selbst die eingeschleusten Spitzel und andere Spielchen waren eher lächerlich.

Die eine Sorte Stadt hat sich unverzüglich aufgepumpt wie ein Maikäfer und mich mit zornesrotem Kopf angebrüllt, dass ich hier in Karlsruhe für immer erledigt bin. Und die andere Sorte hat dazu still und beflissentlich genickt. Bis heute haben sie sich mächtig ins Zeug gelegt, um unbedingt damit recht zu behalten. Doch ich sehe das eher von der sportlichen Seite.

Mit seinen Grobheiten und mit einer eindeutig gesunden Radikalität ausgestattet, ist Georg Schalla dem Anarchisten Bakunin nicht unähnlich. Es gibt kein pro oder contra, hat Ezra Pound einmal notiert, entweder man fängt Feuer oder man fängt kein Feuer. Und Georg Schallas Ansichten stimmen tatsächlich mit seinen Leidenschaften völlig überein.

Das ist in einer Stadt, in der eine risikolose Mittelmäßigkeit das Sagen hat, nicht nur eine Wohltat, sondern vor allem eine besondere Gabe. Der größte Rebell, der hier an der Kunstakademie einmal herum gebrüllt hat, ist heute auf der schicken Art Miami glücklich. Der größte Kiffer dieser Akademie muss heute als Lehrer auf dem Gymnasium das Rauchen auf dem Pausenhof verbieten. Der größte Freigeist hat endlich bei der örtlichen Sparkasse ausstellen dürfen. Und die schlausten Schwaben unter den Künstlern haben rasch zwei Häuser gekauft, die sie teuer an andere Künstler vermieten.

Aber schon Richard Wagner, der während der Aufstände 1848 noch eigenhändig die Dresdner Oper abfackeln wollte, hat es ja gut verstanden, sich hinterher in den warmen Nestern fürstlicher Gunst breit zu machen. Von allem anderen wollte er bald nichts mehr wissen.

In der Fächerstadt träumen die Künstler unterdessen davon, dass sie einmal drei selbst gebatikte Bilder im Badischen Kunstverein ausstellen dürfen. Sie träumen davon, dass sie von einem Pfälzer Weinort einen Kunst-Preis erhalten und dass sie sich damit auf dem Ludwigsplatz zu den Reichen und Schönen vom Turmberg an einen Tisch setzen dürfen. Sie träumen davon, dass alles gut wird und sie träumen von nichts Eigenem.

Das Kulturreferat zahlt ihnen einen Zuschuss zu den Materialkosten oder steckt sie nach Gutdünken in ein von der Stadt subventioniertes Atelier und sie halten brav still.

Ihr Interesse an der Kunst ist gleich Null. In der Kunstszene und bei den Ausstellungen tauchen sie nur auf, wenn es darum geht ihre Einladungskarten für die künstlerische Ausgestaltung eines Trommel-Festivals im Schlossgarten zu verteilen. Aber sie wissen die Rotarier geschickt zu nutzen und tragen sorgfältig die Geburtstage der Enkelkinder von Chefärzten, von Gemeinderäten und von den oberen Richtern des Landgerichts in ihren Kalender ein, um ihre guten Kontakte termingerecht zu pflegen.

Wenige andere Künstler hingegen träumen von etwas völlig anderem.

Mit ihren Kunst-Aktionen und mit den besetzten Ateliers haben diese Künstler, die von etwas anderem träumen, den Druck auf die Fächerstadt erhöht, jene von ihnen vor Ort entwickelten Nutzungspläne für den Hallenbau A endlich in der Öffentlichkeit zu verhandeln. Ohne jedes Wenn und Aber waren es ausschließlich diese Künstler, die nach und nach überhaupt eine Öffentlichkeit für das Gebäude geschaffen haben.

Einzig sie haben die Bauvorhaben der Spekulanten lange vor deren Kapitulation in Frage gestellt. Sie haben den Denkmalschutz für das Gebäude eingefordert und in Bewegung gesetzt. Und sie waren es, die alles nur Mögliche geleistet haben, um den geplanten Abriss des letzten Hallenbaus der IWKA tatsächlich zu verhindern. Es waren jene Wenigen, die den Traum von einer Sache hatten.

Alles andere ist eine Lüge.

Niemand hat mit seiner braven Ateliermiete an die Stadt oder mit schöngeistiger Kunst irgendetwas getan oder die Öffentlichkeit mobilisiert. Und schon gar nicht die Kaninchen der Schlafmützenabteilung in ihren Ateliers in der ehemaligen IWKA.

Es ist und bleibt eine Tatsache. Georg Schalla und eine Handvoll Künstler und Aktivisten waren diese Wenigen, die von Anfang an einen freien Kunst-Raum gefordert haben. Sie haben an die vermessene Utopie geglaubt aus einer ehemaligen Waffenfabrik etwas radikal Neues, etwas Einzigartiges zu erschaffen.

LOOP

Vom Kulturamt oder von der Stadt kam natürlich nie jemand persönlich vorbei. Sie schickten ihre amtlichen Schreiben und dann schickten sie ihre Erfüllungsgehilfen. Wahrscheinlich haben sie das in irgendwelchen Fortbildungskursen für Führungskräfte gelernt. Sehr geehrte Damen und Herren, in der heutigen Lektion lernen wir wie man den Druck auf das Gesindel erhöht.

Aber Georg Schalla hat noch am gleichen Tag einen Stromgenerator und dazu etliche Kanister Diesel besorgt und sich sofort eine Telefonleitung in das besetzte Atelier legen lassen, um sämtliche zuständigen oder nicht zuständigen Bremsklotz-Abteilungen im Rathaus mit lautstarken Beschimpfungen zu bombardieren.

Und das mit den zugeschweißten Eingängen wurde im Handumdrehen mit einem Brecheisen oder mit einer von den Bauarbeitern auf dem Abrissgelände geliehenen Flex wieder in Ordnung gebracht. Selbst die eingeschleusten Spitzel und andere Spielchen waren eher lächerlich.

Die eine Sorte Stadt hat sich unverzüglich aufgepumpt wie ein Maikäfer und mich mit zornesrotem Kopf angebrüllt, dass ich hier in Karlsruhe für immer erledigt bin. Und die andere Sorte hat dazu still und beflissentlich genickt. Bis heute haben sie sich mächtig ins Zeug gelegt, um unbedingt damit recht zu behalten. Doch ich sehe das eher von der sportlichen Seite.

Säugetiere, Brot & Rotz

Mit den World Games kamen die Menschenmassen in die Stadt. Und sie kamen auch gleich in Massen um die Ecke zu einem bombastischen Kunst-Spektakel in der ehemaligen Waffenfabrik. Mit den zahlreichen Veranstaltungen und Aktionen des Projektes 99 Komma 9 Prozent Kunst aus leerem Raum wurden die Möglichkeiten und die Machbarkeit eines freien Kunst-Raums ein weiteres Mal und zwar monatelang und für jedermann sichtbar aufgezeigt und vorgeführt. Unsere vehemente Einmischung in die Diskussion über die Zukunft des Hallenbau A wurde so endlich zum Politikum.

Zwei Lichthöfe auf der Nordseite waren bis unter die Decke mit Kunst bespielt. Mit Malerei, mit Installationen, mit multimedialen Projekten, mit Projektionen, mit einem Tanztheater und mit Musik. In der Mitte eine riesige Bühne und überall noch der Schutt und der Staub der Industriebrache. Voll sinnlicher Magie breiteten sich jenseits der Scheinwerfer die Lichthöfe in ihrer hintereinander gestaffelten Perspektive gleich einer Kathedrale des Industriezeitalters scheinbar ins Unendliche aus.

Einen Sommer lang war der Hallenbau A der Ort, an dem alle zusammen kamen. In den Nächten wurde getrunken und endlos debattiert. Ein Echo brodelnder Lebendigkeit hallt durch die Leere. Die verschwitzen Körper des Tanztheaters huschen umher und auf den Bierbänken formuliert sich der Widerstand gegen Bauspekulanten und Abriss.

Altmeister Uwe Lindau setzt sich dort wochenlang fest und überkritzelt immer wieder ungeduldig seine computergedruckten Tafeln. Ralf Bühler redet auf die Politikerin Heinke Salisch ein. Domenico redet auf den Vorsitzenden der Grünen ein. Und eine schwatzhafte Doris redet ununterbrochen auf mich ein, während ein Welpe müde in meiner Armbeuge schläft. Aus allen Kneipen strömen sie nach der Sperrstunde in den Bauch der Lichthöfe.

Es ist ständig etwas los. Ein dutzend Blasinstrumente ist auf den Galerien in der Dunkelheit leerer Gänge unterwegs. Auf einer riesigen Leinwand flimmern leuchtend grelle Farben und der Bürgermeister der Stadt erzählt plötzlich verlegen im Radio, dass uns ja mit Gewissheit in nur wenigen Jahren das Schlachthofgelände zur Verfügung stehen wird.

Die Parteien mischen sich ein und der Jazz-Club, das Tollhaus und andere Kulturschaffende, denen auch jede Menge Raum fehlt, schüren das Feuer.

Sämtliche Kneipenbesitzer sind natürlich gegen uns. Anlieger und Nazis sind gegen uns. Die Szene ist für uns, aber gegen die Person Georg Schalla.

Die Besonnenen setzen sich dafür ein, mit der Stadt zu verhandeln. Und die Hitzköpfe sind dafür, den verkaufsoffenen Samstag in der Innenstadt zu besetzen. Es ist das Übliche. Ohne Gezanke läuft gar nichts ab.

Die Ateliernutzer auf der Südseite sind alle sauer, weil sich auf der Nordseite etwas tut. Vor allem aber sind sie dagegen, dass sich etwas tut, bei dem sie keine Rolle spielen. Missmutig verkriechen sie sich in ihren Verschlägen und schicken weinerliche Briefe an das Kulturreferat, dass sie jetzt unbedingt schleunigst ein städtisches Atelier in der Stresemannstrasse haben wollen.

In der Zeitung ist schlagartig die Rede davon, dass endlich einmal etwas geschieht und das mitten im Karlsruher Sommerloch. In den folgenden Jahrzehnten wird übrigens das Wort Sommerloch nach und nach spurlos verschwinden. Es ist inzwischen einfach völlig weg. Man kann es nämlich überhaupt nicht mehr finden vor lauter tollen Events.

Die Sommer in der Stadt gehören längst dem gedopten Radrennsport. Oder der schrillen Pyrotechnik über dem Fasanengarten. Oder der telegenen Behinderten-Weltmeisterschaft von irgendetwas. Sie gehören den Inline Skatern auf der gesperrten Kriegsstrasse, sie gehören bis zum Morgengrauen dem Fußball-Gehupe auf dem Europaplatz, sie gehören dem Open Air Kino am Gottesauer Schloss und sie gehören der langen Museumsnacht.

Hallo Sommerloch .... Die 99 Komma 9 Diskussionen in der ehemaligen Waffenfabrik verdanken dir eine ganze Menge. Und der Hallenbau A schuldet dir letztlich den Anstoß für alles weitere.

Also, alles Gute, Sommerloch. Wo immer du jetzt bist Und vielleicht solltest du einfach mal wieder auf einen Sprung vorbei kommen.

LOOP

Mit den World Games kamen die Menschenmassen in die Stadt. Und sie kamen auch gleich in Massen um die Ecke zu einem bombastischen Kunst-Spektakel

Arbeit macht Freitag

Ein Teil der Produktionsanlage kam bereits 1949 wieder aus England zurück. Obwohl als Reparationszahlung abgebaut und dorthin verschifft, stecken die Maschinen merkwürdigerweise noch unausgepackt in ihren Transportkisten. Ab 1953 produzieren die Industrie Werke Karlsruhe Augsburg mit diesen Maschinen dann wieder Tretminen für den Jägerbedarf.

So jedenfalls erzählen es mir grinsend die Arbeiter. Und in einem Nachschlagewerk über die Bombardierung von Industrieanlagen durch die Alliierten taucht die IWKA erst gar nicht auf. Aber das gehört wohl zu den gängigsten Spielregeln einer Nachkriegsgeschichte.

Man musste Wernher von Braun schließlich nicht lange bitten vom Mittelbau Dora nach Houston in Amerika überzuwechseln. Die so entnazifizierte Wunderwaffe V2 war nun unterwegs zum Mond, als paramilitärische Übung der Evolution. Und das Zeitalter der Weltraumfahrt und des Kalten Krieges verschaffte sich zügig und völlig ungeniert freie Bahn.

Als Symbol dieser situativen Ethik errichte ich unter dem Dach eine 7 Meter hohe Installation. Das babylonisch turmartige Gebilde ist in schrill glänzendem Rosa lackiert und schräg aufeinander abgestützte schwere Holzleitern kippen in einer fragilen Statik aufwärts. Wie so viele meiner Installationen wird auch diese vor Ort einer absehbaren Vergänglichkeit überlassen.

Längst erinnert die Industriebrache an eine Geschichte von Hermann Hesse, die wiederum an das verschwundene Angkor Wat erinnert. Die Natur erobert die eitlen Monumente menschlichen Tatendrangs zurück. Überall bricht ungeduldiges Wurzelwerk durch den Asphalt und durch das Mauerwerk. Geflechte und Grasbüschel setzen sich in jedem Winkel und in allen Ritzen ab.

Milliarden vom Wind herum gewirbelte Löwenzahnsamen schweben wie Fallschirmspringer einer Luftlandetruppe im Hallenbau A umher und lassen an den erstaunlichsten Stellen in den Lichthöfen ihre Kraft sprießen. Auf einem der Lastkräne treibt wie eine Erscheinung der Jungfrau Maria eine junge Birke aus. Irgendwo im Hintergrund verrotten auf dem Gelände hinter einem weitläufigen Zaun die abgestellten traurigen Wracks eines Autohändlers. Ein 56er Bel Air Chevi ist dabei, mit einer matten rostigen Patina und mit der Stoßstange eines Taxis aus Istanbul. Jeden Tag zieht es mich dort hin und ich schaue zu, wie der halb abgebrochene Rückspiegel bald herunter fallen wird.

In der Kistenfirma auf der Nordseite reißt der Arbeiter mit der Wollmütze am Nachmittag einen blutgetränkten Arm aus der Fräsmaschine. Er muss sofort ins Krankenhaus gebracht werden. 5 Minuten später sind die Pressluftschrauber wieder mit ohrenbetäubendem Gekreische in Betrieb und die containergroßen Transportkisten werden verladen. Die Lastwagen haben Nummernschilder aus Syrien oder aus Minsk. Durch das große Rolltor verschwinden sie auf die Autobahn.

Sämtliche Werkssirenen sind für immer stumm in ihren Verankerungen festgeschraubt. An den Stechuhren steht niemand mehr an. Und die Zeiger der riesigen Fabrikuhren, die überall von den Wänden in die Hallen hinein schreien, hängen im Kreislauf der Zahlen fest.

Es ist weder Tag noch Nacht. Das endgültige Schichtende teilt willkürlich durcheinander gemischte Zeit an die Leere im Raum aus. Wir sind im Niemandsland. Hier löscht sich Geschichte aus. Alle Außenwelt hat aufgehört, sich einzumischen.

Im Gewirr der Trümmer und Ruinen können Menschen jederzeit spurlos verschwinden. Zweimal falle ich unter dem Dach von meiner Installation mit den fleischfarbenen Himmelsleitern auf den harten Fußboden aus Beton herunter. Niemand weiß, dass ich dort in den kalten Hallen bin. Niemand würde mich vermissen.

Ein anderes Mal, als ich im Winter unterwegs bin auf dem endlosen Weg durch die Lichthöfe, lauert mit stahlblauen Augen bereits ein beeindruckender, muskelbepackter Kampfhund auf mich. Ein herrenloses, weißes Tier, das, wie die Augenklappe eines Piraten, tatsächlich ein schwarzes Monokel auf der linken Seite trägt.

Der Kampfhund beobachtet reglos das Näherkommen meiner Schritte.

LOOP

Ein Teil der Produktionsanlage kam bereits 1949 wieder aus England zurück. Obwohl als Reparationszahlung abgebaut und dorthin verschifft, stecken die Maschinen merkwürdigerweise noch unausgepackt in ihren Transportkisten.

Schützen Sie Ihr Frühstücksbrötchen vor Heimweh

Adorno kam aus Marburg. Zusammen mit Heidegger, Kamper und Wittgenstein im zerbeulten Koffer eines Philosophen und Kneipenwirts. Franz und Gudrun sind der Herzschlag der Szene. Das KAP in der Kapellenstrasse ist in den 1980ern und bis Ende der 1990er eben nicht nur eine warme Kneipe, es ist die Künstlerkneipe in der Fächerstadt. Ohne die langen Nächte dort, ohne die Musik und den nebeligen Zigarettenqualm, ohne Wodka und Ramazotti und ohne die herben Kunstkritiken eines Franz Littmann ist die Geschichte der Karlsruher Szene und die der Kunst in Karlsruhe unvollständig.

Von Wolfgang Rihm bis zu Georg Schalla und Uwe Lindau, von den Professoren der Kunstakademie und ihren Studenten bis zu der Band *Ostzonensuppenwürfel machenkrebs*, von dem Lesben Tisch bis zum stillen Lyriker, sie sind alle da. Die Galeristen und Rudi Theilmann sind da, *The Waltz* ist da und Phillip aus New York.

Die einen sind von Anfang an da. Der betagte Zuhälter Horst mit seiner Schamhaar-Sammlung. Markus Lüpertz und Georg Baselitz. Gert van Dülmen und Harry Kögler. Peter Kreicher, der den Nachlass von Wittgenstein übersetzt. Alexander und Alexandra. Christel und Karlheinz Meyer. Die Spieler vom KSC. Salome, Clemens Thimme, Kim der Vietnamese, Rainer Kehres und Christiane Riedel. Margrit Brehm, Karin Volz und Frank Westenfelder.

Es gibt ein Frühstück für den Krieg mit dem Wort-Maler Dieter Krieg. Und es gibt Lesungen von Thomas Strittmatter und Yoko Tawada. Heiner Müller kommt vorbei. Sloterdijk kommt vorbei. Dietmar Kamper und Friedrich Kittler sind da. Und Franz Littmann veröffentlicht nun auch nach und nach Interviews mit Jochen Gerz, mit Peter Weibel und mit Hans Belting.

Im Laufe der Jahre werden sie alle im KAP auftauchen. Jürgen Ploog und Alfred Harth. Udo Breger, Axel Heil, Meyer und Riegger. Helmut Dorner, Harald Klingelhöller und Silvia Bächli. Jonathan Meese und Norbert Prangenberg. Und auch Zaha Hadid und Günther Förg.

In diesem Zusammenhang wird unser Lichthof im Hallenbau A von Zeit zu Zeit zum kleinen Salon in der Tradition des 19. Jahrhunderts für die ausgelagerten Gesprächsrunden. Eine 500 Watt Birne leuchtet in der Nacht das Szenario mit der Nummer 9 aus und wirft oszillierende Schatten auf die Kulisse einer perfekten unwirklichen Leere. Um uns herum ein fest ummauerter schwarzer Kubus aus Dunkelheit mit 320 Metern Länge und 52 Metern Breite.

Unter dem gläsernen Dach gurren die Tauben im Mondlicht. Glassplitter zer-knirschen laut und wehleidig unter den Schritten der Gäste, die sich mit Wein-flaschen bepackt heran pirschen. Der Platz vor den besetzten Ateliers ist zur Loge für dieses nächtliche Schauspiel umfunktioniert. An einer langen Tafel sitzen wir in der Kälte in dicken Jacken dicht nebeneinander.

Auf dem Tisch sind zwischen Kerzen und Rotweinflaschen die Baguettes und Anchovis, schrundige Ziegenkäse aus dem Elsass und nussige Salamiwürste ausgebreitet. Die Worte fliegen hin und her. Franz Littmann allen voran. Kon-struktive Streitgespräche sind etwas ganz Herrliches.

Wie so oft geht es um Politik und Genmanipulationen, um Überwachungs-kameras und geklonte Programme. Es geht um die Rasterfahndung und um die Allmacht künstlicher Intelligenz und um alte Werte. Es geht um neue Medien, um neue Bereiche in der Darstellung von Kunst und Leben, es geht um eine neue Standortbestimmung oder möglicherweise auch um eine nahe Diaspora der Zukunft.

Seit kurzem zeichnet sich nämlich ab, dass ein Zentrum für Kunst und Medien-technologie in einer Architektur von Rem Kohlhaas hinter dem Hauptbahnhof seinen Einzug halten soll. Ganz allgemein wird natürlich eindeutig begrüßt, dass die Fächerstadt und die Kunst neu aufgemischt werden, aber vieles er-scheint noch durchaus fragwürdig und über die Ansichten darüber wird heftig gestritten.

Gert Reising kämpft um die Position einer großartigen Gemäldesamm-lung in der Kunsthalle. Ein besonnener Michael Hübl betrachtet kritisch die Umstrukturierung der Kulturbezuschussungen in der Fächerstadt. Ein wild gestikulierender Zauberlehrling von Nietzsche wiederum wittert den Untergang des Abendlandes und Franz Littmann klatscht sich begeistert auf die Schenkel und freut sich diebisch auf die Theoretiker des Strukturalismus und auf Sloterdijk.

Fast wäre es unter den Tisch gefallen. Aber irgendeiner hat das ZKM damals als ein Heimatkundemuseum für Elektronikschrott bezeichnet.

LOOP

10 Schlittenhunde mit Blindenbinde

In den Wintermonaten sind die Finger zu klamm und zu steif, um auch nur eine Zigarette oder etwas anderes zu drehen. Viel zu oft sind die Temperaturen weit unter Null. Aus der durchgesägten Regenrinne, die unsere Wasserkanister versorgt, quellen jetzt wuchtige Eiszapfen heraus, während überall in den noch übrig gebliebenen Fensterscheiben entlang der Lichthöfe die Malerei der Eiskristalle ihre Muster bildet.

Auf einem Lastkran ist eine Taube festgefroren. Sie schreit erbärmlich im Todeskampf. Wir stapfen herum in drei übereinander gezogenen, alten Pullovern und in zwei Schichten langer Unterhosen. Selbst die Farben spielen verrückt. Sie frieren auf der Leinwand fest, tauen erst im Frühjahr langsam wieder ab und bröseln dann zügig in ganzen Placken auf den Fußboden herunter.

Bei nur 2 oder 3 Grad über Null sprechen wir bereits von wärmeren Tagen. Wenn ich durch Schneematsch und Regen völlig durchnässt aus der Stadt mit dem Fahrrad ankomme, muss ich mich in der Kälte nackt ausziehen und in meine, nach giftigen Lackfarben stinkenden Malerklamotten schlüpfen. Sie sind über Nacht steif gefroren und ich zwänge mich in zwei starre lange Unterhosen und in drei eisig klamme Pullover. An der alten Hose kleben die fest getrockneten Farben rau und in unzähligen harten Schichten fingerdick übereinander.

Es ist an der Zeit, schwerere Geschütze aufzufahren. Der nächste Holzschnitt wird zehn Meter breit und über zwei Meter hoch und benötigt einen ganzen Lichthof

Aus Notwehr treibe ich die Arbeit voran. Auf die Ablage am Fenster habe ich ein mit Gold umrahmtes Heiligenbild gestellt und wenigstens der harte Holzstuhl ist mit einem Ballen Leinwand gepolstert. Obwohl das immer wieder behauptet wird, um den Kopf muss man sich dabei die wenigsten Sorgen machen. Mit den wuchtigen Werkzeugen und mit den schweren Holzdielen gerate ich bald zusehends ins Schwitzen und das lange Haar hängt dampfend ins gerötete Gesicht. Vermutlich laufe ich herum wie ein Wahnsinniger oder wie ein Idiot aus einem Roman von Dostojewski.

Die Kistenfirma ist schon lange in ein Gewerbegebiet am Rande der Stadt umgezogen. Auch das Theater mit seinem Kulissenlager ist wieder raus. An die inzwischen fünf besetzten Ateliers werden nun immer wieder neue Kündigungsschreiben verschickt. Es sind ernsthaft amtliche Drohungen wie sie nur eine

Behörde formulieren kann. Selbst ein André Breton oder das ganze Café Voltaire im Vollrausch könnten sich solche Streiche nicht ausdenken.

Niemand kommt vorbei, und es ist eine großartige Zeit um zu arbeiten. Anfang Oktober habe ich in meinem kleinen Radio gehört, dass in Berlin die Mauer gefallen ist. Schlagartig ist klar, was das für uns bedeutet. Kapital, Standorte und Topographien verschieben sich gewaltig. Und eine gelegentlich geistig umnebelte, weil nämlich von Württemberg ausgemusterte Residenzstadt, die neuerdings lieber eine Technologieregion sein will, wird es da nicht leicht haben. Das Rennen läuft vorübergehend in eine völlig andere Richtung.

Dem schicken Kaschmir-Boom der 1980er geht langsam aber sicher die Luft aus. Heinrich Klotz wird sich nun tot schuften müssen, um den Arsch einer Kunst- und Medien-Utopie für das Stadt-Marketing zu retten. Und wir Künstler werden wohl noch eine Weile lang ziemlich Ruhe haben.

Die eigentliche Kälte kriecht von unten durch den Tag und Nacht ausgekühlten Betonfußboden in die Füße. Selbst die Mondstiefel mit ihren dicken Sohlen halten da nur eine kurze Zeit vor. Gegen Abend beginnen die Beine immer wieder einzuknicken und versagen nach und nach ihren Dienst.

Die Vorbereitungen zum Abmarsch zurück in die Stadt gleichen dem Rückzug Deutscher Truppen vor Stalingrad. Es gilt sich tiefgefroren in der eisigen Kälte erneut nackt auszuziehen und alle nassen und kalten Klamotten, mit denen man angekommen ist, wieder Stück für Stück zurück über den Leib zu zurren.

Also wieder rein in die nassen langen Unterhosen für unterwegs. Und wieder rein in einen nassen, eisig kalten Pullover und in eine völlig durchnässte Jacke, zu der ein völlig durchnässter Schal um den Hals vorzüglich passt. Und nichts wie raus aus der arktischen Eiskammer der Lichthöfe.

Nur eben, dass da draußen immer noch ein scheußlicher Januarregen endlos herunter prasselt oder dass gerade wieder einmal Hagel oder dichtes Schneetreiben den März ankündigen. Also nichts wie munter drauf los.

LOOP

Wie kommt die Latzhose
in die Nudelsuppe von Matisse ?

Die Lagebesprechungen, die Podiumsdiskussionen und die Pressekonferenzen kommen jetzt Schlag auf Schlag. Neben dem Nutzungskonzept für zwei selbst verwaltete Lichthöfe geht es auch immer mehr um den Erhalt der Ateliers.

Das Nutzungskonzept zielt auf einen ausgesprochen künstlerischer Inhalt. Die Ateliers wiederum sind eine elementar existenzielle plus eine politische und eine kulturpolitische Notwehr in dieser Fächerstadt. Aber nur wenige sehen das so und sind bereit sich über persönliche Interessen hinaus einzubringen. Mit dem überfallartigen Entschluss der Stadt, die Planung eines ZKM von dem vorgesehenen Standort hinter dem Hauptbahnhof abzuziehen und das ZKM zusammen mit einer angegliederten Hochschule für Gestaltung in mehreren Lichthöfen des denkmalgeschützten Hallenbau A einzuquartieren, beginnt eine neue Phase des politischen Kalküls.

Eindeutig stehen wir den Plänen der Fächerstadt im Weg. Stadt und ZKM nutzen zwar bereitwillig die über Jahre hinweg geschaffene Publicity für das Gebäude, aber sie fürchten jegliche Auseinandersetzung mit diesem Stück Geschichte. Das ZKM mit seiner viel beschworenen Zukunft wittert die Gefahr in der Schnittmenge mit den inhaltlichen Konzepten und Ideen der Künstler und markiert schleunigst das Revier. Schlagartig herrscht ein anderer Ton.

Wir werden Wort für Wort und Silbe um Silbe in der Öffentlichkeit ausgelöscht. Aber auf der Gegenspur wird noch einmal kühn durchgestartet. Schließlich weiß man ja, wo der Hase lang läuft. Am allerwenigsten können es Stadt und ZKM nämlich darauf ankommen lassen, dass ein martialischer Polizeieinsatz die Eröffnungsreden begleitet. Polizeistaatgebaren, um den Neuen Medien und der neuen Kunst durch eine Zwangsräumung mit scharfen Hunden und mit Schlagstöcken Platz zu verschaffen, das kann auch ein Schuss in die falsche Richtung werden.

Wie wir alle wissen, lassen sich große Bauvorhaben auch leicht einmal durch Krötenwanderungen oder durch den selten gewordenen Steinkauz ausheblen. Selbst eine kleine Schar von einem Dutzend Leuten mit einem Dutzend verschiedener Rechtsanwälte in einem Dutzend langwieriger Rechtsverfahren kann ganz schön auf Trab halten und die festgelegten Termine gründlich durcheinander wirbeln.

Aber letztlich scheitert die ganze Sache an lauter kleinmütigen Bedenken von lauter kleinmütigen Leuten, die sich in ihren privaten Träumen, in der Karriere ihrer Ölfarben bedroht fühlen. Zum Greifen nah zerplatzt ein Traum – nur eine Handvoll Künstler, um die Kunst in die eigene Hand zu nehmen braucht es, aber es gibt sie einfach nicht.

Es ist ein historischer Moment und wir haben ihn, ehrlich gesagt, verschissen.

Das ZKM steigt jetzt zusammen mit der Stadt in Siegerpose auf das Podest. Warum auch nicht? Schon Mao Tse-Tung hat gerne erwähnt, dass man mit Hilfstruppen nicht zimperlich sein soll.

Sie hissen ihre Flagge im Hallenbau A, als hätten sie soeben einen unberührten Nordpol betreten. Als hätte Alva Edison dem Chemiker Humphry Davy gezeigt, wie man durch Gasentladung eine Glühbirne erfindet. Als Inbegriff einer Erfindung der Moderne. Es war ein denkwürdiger Gimmick aus dem Überraschungsei.

Der Mohr hat seine Schuldigkeit getan, und es ist an der Zeit zu gehen. Ich stelle mich ein letztes Mal vor die Mikrophone und die Kameras. Der überflüssige Pressesprecher einer zutiefst zerstrittenen Meute aus Künstlern und Aktivisten, aus Kaninchenstall-Hintersassen und aus besetzten Ateliers.

Ich setze ein gelangweiltes Gesicht auf, ungefähr so wie Marlon Brando in seiner Rolle als Rädelführer einer Bande schwachsinniger Motorradrebellen.

Was wollt Ihr eigentlich, fragt das anständige Mädchen. Was gibt es hier überhaupt, nuschelt Marlon Brando lakonisch und etwas zweideutig zurück.

Man kann es spüren, wie den Spießern in der kleinen Stadt der Angstschweiß über den Nacken rinnt. Ich spucke eine völlig an den Haaren herbei gezogene Kampfansage verächtlich in die Mikrophone. Der verkörperte Albtraum einer unberechenbaren Meute.

Wir werden dieses Gebäude nicht räumen.

Wir alle hier werden zusammen bis zum Letzten kämpfen.

Keine weiteren Kommentare!

Diese Szene muss schließlich insgesamt vier mal glaubwürdig wiederholt werden, bis die Beleuchtung für die Fernsehkameras endlich stimmt, und wenige Tage danach überschüttet uns die Stadt mit einem Haufen Umzugsangeboten.

LOOP

Die Lagebesprechungen, die Podiumsdiskussionen und die Pressekonferenzen kommen jetzt Schlag auf Schlag. Neben dem Nutzungskonzept für zwei selbst verwaltete Lichthöfe geht es auch immer mehr um den Erhalt der Ateliers.

Das Nutzungskonzept zielt auf einen ausgesprochen künstlerischen Inhalt. Die Ateliers wiederum sind eine elementar existenzielle plus eine politische und eine kulturpolitische Notwehr in dieser Fächerstadt. Aber nur wenige sehen das so und sind bereit sich über persönliche Interessen hinaus einzubringen. Mit dem überfallartigen Entschluss der Stadt, die Planung eines ZKM von dem vorgesehenen Standort hinter dem Hauptbahnhof abzuziehen und das ZKM zusammen mit einer angegliederten Hochschule für Gestaltung in mehreren Lichthöfen des denkmalgeschützten Hallenbau A einzuquartieren, beginnt eine neue Phase des politischen Kalküls.

Eindeutig stehen wir den Plänen der Fächerstadt im Weg. Stadt und ZKM nutzen zwar bereitwillig die über Jahre hinweg geschaffene Publicity für das Gebäude, aber sie fürchten jegliche Auseinandersetzung mit diesem Stück Geschichte. Das ZKM mit seiner viel beschworenen Zukunft wittert die Gefahr in der Schnittmenge mit den inhaltlichen Konzepten und Ideen der Künstler und markiert schleunigst das Revier. Schlagartig herrscht ein anderer Ton.

Wir werden Wort für Wort und Silbe um Silbe in der Öffentlichkeit ausgelöscht. Aber auf der Gegenspur wird noch einmal kühn durchgestartet. Schließlich weiß man ja, wo der Hase lang läuft. Am allerwenigsten können es Stadt und ZKM nämlich darauf ankommen lassen, dass ein martialischer Polizeieinsatz die Eröffnungsreden begleitet. Polizeistaatgebaren, um den Neuen Medien und der neuen Kunst durch eine Zwangsräumung mit scharfen Hunden und mit Schlagstöcken Platz zu verschaffen, das kann auch ein Schuss in die falsche Richtung werden.

Wie wir alle wissen lassen sich große Bauvorhaben auch leicht einmal durch

Baby verschluckt Silikonbusen

Indessen kamen bereits die ersten Vorboten eines nahen Jahrtausendwechsels. Die Amerikaner zettelten im Irak einen Krieg an und in Afghanistan stopften die Erdölkonzerne jede Menge Gelder in einen Kerl mit dem Namen Osama Bin Laden, weil der gerade damit beschäftigt schien, ihnen zuliebe gegen die Russen zu kämpfen. Die Deutschen fanden auf ihren Wahlzetteln schon lange keinen Ausweg mehr. Und Michael Jackson wurde immer weißer und bleicher – ein Rokoko getünchter Mega-Star aller Mittelklasse-Kids. Das Vereinigte Königreich Großbritannien und der Rest der Welt verloren schließlich ihre Prinzessin der Herzen an einen Betonpfeiler in einer Unterführung des Périphérique in Paris. In den tristen Banlieus der großen Kulturnation kippten desillusionierte Jugendliche, die nichts zu verlieren hatten, wütend Benzin auf die Strasse und fackelten Autos ab.

Ich fahre nach Frankfurt um Alfred Harth zu treffen und bei seiner Vertonung der experimentellen Filme von Oskar Fischinger aus den 1930er und 1940er Jahren dabei zu sein. Der Lauf der Dinge hat sich geändert. So etwas passiert ständig.

Also geht es weiter. Was wir am wenigsten brauchen, sind Sentimentalitäten. Was wir wirklich brauchen, ist eine wache und kritische Vernunft und eine unbeugsame Präsenz der Ethik einer Streitkultur. Meine unzähligen Offenen Briefe, die Flugblätter oder die Entwürfe einer anderen Welt, ich habe das nie gesammelt und aufbewahrt. Es waren Gebrauchsartikel des Widerspruchs. Die Gebrauchsartikel einer Einmischung mit meiner Sicht der Dinge.

In meiner Generation ist Geschichte ja auf schmerzliche Art und Weise hautnah. Für mich lässt sich die Kunst daher nicht vom Leben trennen, und der Verlauf der Geschichte lässt sich nicht trennen von einer Verantwortung in der Geschichte und von einem kontextuellen Geschichtsbewusstsein.

Letztlich bleibe ich ein Einzelgänger. Selbst der Freigeist Ludwig Erhard ist auch als Vorsitzender der CDU nie ein Mitglied der Partei geworden. Das Wir ist da eigentlich nur ein zweckgebundener Gebrauchsartikel für situationistisches Umherstreifen. Ein literarischer Strukturalismus.

Wir leben in einer digital gesteuerten, in einer gefälschten, aber eindeutig semantischen Geschichte, wie Oswald Spengler sie begreift. Ich, für mich, als ein künstlerisches Subjekt bleibe also ohne jegliches oder sonstiges Wir. Und das

Herumsuhlen in Komitees, in Vereinen, Verbänden, Lobbys, Seilschaften und Zirkeln ist wirklich nicht meine Sache.

Ein Künstler ist ausschließlich oder er ist es eben nicht. Dazwischen gibt es nur Nonnengefasel und Welpenpisse.

Ich werfe einen letzten Blick in die beiden Lichthöfe auf der Nordseite. Besetzte Ateliers, die nun keine Rolle mehr spielen und ein Haufen Träume, die ihre einstige Rolle an diesem Ort ganz offensichtlich ausgespielt haben.

Zwischen den Säulen spannt sich noch immer die monumentale Bühne zurückgebliebener Leinwände, die in ihrer Bewegung eingefroren sind. Ein Labyrinth aus Maschinenmenschen und Diagrammen. Eine Collage aus Klangstrukturen, Notationen und Urknall. Eine Partitur aus Metaphysik, Evolution und Fragmenten.

In der linken unteren Ecke einer Leinwand, die so groß ist wie ein Lastwagen ist eines Tages plötzlich ein gewalttätiges Loch. Es hat den Charme einer aufgeschlitzten Wohnzimmertapete. Maler Klecksel, ein klumpfüßiger Liebling der Stadt, ist schnell mal mit dem Fahrrad vorbei gekommen und hat dort einen senfgelben Sonnenuntergang mit violettgrünen Schlieren hingeschmiert. Danach hat er sein dämliches Motiv mit dem Messer geschwind aus der Leinwand heraus geschnitten, um damit seine ständigen Saufschulden in einer Pizzeria abzustottern.

Ich schaue diesem ortstypischen Schöngeist nach, wie er mit der gerollten Leinwand unter dem Arm und mit einem besonders scheußlichen Sonnenuntergang wieder davon radelt.

Es wird Zeit hier endlich zu verschwinden.

LOOP

Indessen kamen bereits die ersten Vorboten eines nahen Jahrtausendwechsels. Die Amerikaner zettelten im Irak einen Krieg an und in Afghanistan stopften die Erdöl Konzerne jede Menge Gelder in einen Kerl mit dem Namen Osama Bin Laden, weil der gerade damit beschäftigt schien, ihnen zuliebe gegen die

Die Komplizen des Kommerz

Manchmal kommt es wie es kommen muss. Immer wieder ist Geschichte nämlich eine Geschichtsschreibung der Sieger über die Besiegten. Die von der Quandt-Dynastie verheizten Zwangsarbeiter bekamen also eine medienwirksame Gedenktafel in Bronze auf der Außenseite des Gebäudes. Und Baudrillard und W.S. Burroughs bekamen zügig einen Preis verliehen für hervorragende Leistungen in der Medienkritik.

Das Spektakel war äußerst raffiniert eingefädelt. Die Eröffnungsreden beschworen die Zukunft und schwiegen sorgsam über die Vergangenheit sämtlicher Künstler in der ehemaligen Waffenfabrik. Besonders kunstsinnig und ebenso gründlich wurde dabei vor allem der Einsatz des Projektes 99 Komma 9 Prozent für das Gebäude und für eine freie Kunst aus leerem Raum einfach tot geschwiegen.

Die Zukunft war nämlich schlagartig eine neue, eine ruhmreiche Zukunft und sie gehörte eindeutig den neuen Medien. Und natürlich war es unanständig auch nur im Geringsten daran zu denken, dass die Medien möglicherweise denen gehören, die uns blasse, grüne Lichtschablonen auf dem Bildschirm als einen gerechten Krieg im Irak verkaufen.

Es wurde zwei Jahrzehnte lang geschwiegen. Genügend Zeit um eine Sache genügend vergessen zu machen und zu etwas wichtigerem überzugehen. Zumindest steckten wir dadurch mit niemandem unter einer Decke. Und von mir aus hätte es dabei bleiben können. Die Emotionen waren abgekühlt und auch misslungene kleine Revolutionen sind schließlich nur historische Gebrauchsartikel mit einem Verfallsdatum.

Doch dann krochen für irgendein Jubiläum plötzlich sämtliche Jubelperser aus ihren Löchern. Dieses Mal wollten sie unbedingt bei irgendetwas dabei sein und sie wollten natürlich, egal wie und womit, ihren Namen ins ZKM geschrieben sehen. Die gewohnte Willfährigkeit machte sofort ihre Schenkel breit. Klar, alle Kinder der Revolution waren damals in der IWKA selbstverständlich ganz wichtig mit dabei gewesen, sozusagen ganz dicke dabei und ganz dicke mit drin und mit dem gleichen geübten Selbstverständnis, mit dem ihre Väter immer wieder herum gestammelt hatten, niemals bei der Wahl einer gewissen Partei oder bei irgendetwas anderem je dabei gewesen zu sein.

Richtig tolle Schlagworte werden da durch die Luft gewirbelt. Von Fahrrädern,

Autos und Farbigem, was damals herum stand, ist die Rede, aber von einer Forderung an das Rathaus, endlich im Kulturreferat Nutzungsverträge für den gesamten Leerbestand städtischer Immobilien an alle Künstler in der Stadt bereit zu stellen, davon ist kein einziges Wort zu hören.

Künstler in der IWKA wird nun zum modischen Retro, zu einem modernistisch angehauchten Bedeutungsschleier und die statements zu dieser Posse drehen sich allein um sich selbst. Um die Vielfalt innerer Wehmut. Um Krokodilstränen der Kunst. Und um die äußeren Umstände einer Gebäudesubstanz, die sich angeblich feinstofflich in die eigenen künstlerischen Werke hinein gewebt hat. Es kommt daher wie der Erweckungsgesang einer Sekte, die das Ventil für einen karrierewirksamen Schub im öffentlichen Auftritt wittert.

Aber was sonst hätten diese Jubelperser auch anzubieten? Ihre Kaninchenställe haben schon damals außer Befindlichkeiten nichts hervorgebracht. Sie haben sich vehement von allem fern und aus allem raus gehalten. Also müssen sie sich jetzt schon wieder als eine Paraphrase an Aktionen und Inhalte rankleben, die sie vor zwei Jahrzehnten völlig verschlafen haben.

Eine dokumentarische Ausstellung soll es schließlich werden. Aber wer genau dokumentiert hier wen? Und mit welcher Absicht eigentlich?

Um mit verschiedenen Statements im demokratisch erhöhten Allerlei geschickt zu vertuschen, was ansonsten bei dieser Geschichte genau auf den Punkt gebracht werden könnte? Interessanterweise halten sich da sogar etliche von damals, die durchaus etwas zu sagen und vorzuweisen hätten, aus dieser ganzen Sache heraus. Jörg Brombacher und auch Bruno Kurz, um nur zwei davon namentlich zu benennen. Und auch mehrere ernst zu nehmende Aktivisten aus dem Umfeld. Das Schweigen erscheint hier wieder einmal durchaus als eine gelungene Beweisführung mit anderen Mitteln.

Vor allem aber sollte man über folgende Formulierung eines entlarvenden Rückblicks stolpern: Geduldet vom Kulturamt Karlsruhe als kulturelle Randerscheinung. Darin liest sich, zeitlich vorwärts wie rückwärts, die Vignette einer totalen künstlerischen Kapitulation. Ideologiekonforme, willenlose Künstler untergeordnet in der Funktion als institutionalisierte Staatskünstler und das Kulturamt als eine mütterliche Rampe für die Selektion.

Wer eine solche Art von Kunstverständnis unwidersprochen hinnimmt, der kann sich auch gleich auf dem Veterinäramt für kranke Tiere in einer Warteschlange für den Gnadenschuss anstellen.

LOOP

Manchmal kommt es wie es kommen muss. Immer wieder ist Geschichte nämlich eine Geschichtsschreibung der Sieger über die Besiegten. Die von der Quandt-Dynastie verheizten Zwangsarbeiter bekamen also eine medienwirksame Gedenktafel in Bronze auf der Außenseite des Gebäudes. Und Baudrillard und W.S. Burroughs bekamen zügig einen Preis verliehen für hervorragende Leistungen in der Medienkritik.

Das Spektakel war äußerst raffiniert eingefädelt. Die Eröffnungsreden beschworen die Zukunft und schwiegen sorgsam über die Vergangenheit sämtlicher Künstler in der ehemaligen Waffenfabrik. Besonders kunstsinnig und ebenso gründlich wurde dabei vor allem der Einsatz des Projektes 99 Komma 9 Prozent für das Gebäude und für eine freie Kunst aus leerem Raum einfach tot geschwiegen.

Die Zukunft war nämlich schlagartig eine neue, eine ruhmreiche Zukunft und sie gehörte eindeutig den neuen Medien. Und natürlich war es unanständig auch nur im Geringsten daran zu denken, dass die Medien möglicherweise denen gehören, die uns blasse, grüne Lichtschablonen auf dem Bildschirm als einen gerechten Krieg im Irak verkaufen.

Es wurde zwei Jahrzehnte lang geschwiegen. Genügend Zeit um eine Sache genügend vergessen zu machen und zu etwas wichtigerem überzugehen. Zumindest steckten wir dadurch mit niemandem unter einer Decke. Und von mir aus hätte es dabei bleiben können. Die Emotionen waren abgekühlt und auch misslungene kleine Revolutionen sind schließlich nur historische Gebrauchsartikel mit einem Verfallsdatum.

Doch dann krochen für irgendein Jubiläum plötzlich sämtliche Jubelperser aus ihren Löchern. Dieses Mal wollten sie unbedingt bei irgendetwas dabei sein und sie wollten natürlich, egal wie und womit, ihren Namen ins ZKM geschrieben sehen. Die gewohnte Willfährigkeit machte sofort ihre Schenkel breit. Klar, alle

Bakterielle Neuigkeiten

Die Sanierungsarbeiten und die Umbauten im Gebäude kamen daher wie die Manager einer großen Bank. Aus den offen ineinander übergehenden Lichthöfen wurden nach und nach elegante Schuhkartons und aus dem Spiel der Räume wurde ein System von Sicherheitsschleusen. Und die Ateliers der Künstler erhielten jetzt einen Übergangsvertrag für das Gelände hinter dem Hauptbahnhof, das die Stadt eigentlich für Heinrich Klotz teuer eingekauft hatte und das sie, als so genanntes Filetstück, auf dem Immobilienmarkt nun rasch wieder loswerden wollte.

Aber manchmal laufen die Dinge eben anders. Das Filetstück roch bereits ein bisschen merkwürdig und es blieb einfach liegen wie umetikettiertes Gammelfleisch in einer Zeit des Rinderwahnsinns.

14 verzweifelte Jahre drängte die Stadt nun Jahr für Jahr darauf, das Gebäude-Ensemble hinter dem Hauptbahnhof abzureißen und auszulöschen, mit der einzigen Begründung, das Areal würde dadurch eine immense Attraktivität an der Börse gewinnen.

Ein weiteres Kapitel um weitere künstlerische Nutzungspläne und um Utopien setzte sich mit dem Umzug der Ateliers hinter den Hauptbahnhof in Bewegung.

Doch zuerst einmal wurden in einer Nacht und Nebel Aktion von der Stadt die Werkstätten und Hallen auf dem Gelände zurückgebaut. So jedenfalls buchstabiert die Politik eine von wespengelben Baggern platt gewalzte Architektur, die jeglicher Nutzungsabsicht sofort ein boshaftes Schnippchen schlug. Zurück blieb ein idyllisches Ambiente für vorübergehende beengte Verhältnisse. Eine Struktur für Gastateliers, Austauschprojekte, Kunstaktionen und für selbst verwalteten Raum war äußerst unerwünscht.

Nach drei Jahren lief der Übergangsvertrag aus und mit jedem neuen Wahlkampf und mit jedem neuen politischen Geplänkel und pünktlich nach jedem Sommerurlaub der Parteien wurde die Stadt nun immer heißer darauf, die Ateliers endgültig auszulöschen. Schließlich mussten alle Mieter der Ateliers eine bis auf weiteres ausgesetzte Zwangsvollstreckung auf einem Notariat in Durlach mit ihrer Unterschrift persönlich anerkennen.

Noch nahmen die Dinge ihren behäbigen Weg in einer behäbigen Stadt. Die Ateliers veranstalteten Offene Ateliers mit launigem Volksfestcharakter, der beim Publikum und selbst beim Kulturamt sehr beliebt war, und die Stadt hielt sich darauf hin eine Weile zurück und verwies dann zügig wieder auf den Ernst der Lage und auf einen nahen und baldigen Abriss.

Einerseits wurden die 25 Ateliers hinter dem Hauptbahnhof ja bei Bedarf und ganz besonders im Rahmen einer Kultur-Hauptstadt-Bewerbung gerne öffentlich und selbstgefällig als eine Steigerung des städtischen Atelierbestandes herumgezeigt, aber weniger öffentlich war die Stadt von Zeit zu Zeit nicht gerade zimperlich in der Wahl ihrer Mittel.

Die Deutsche Bundesbahn zog inzwischen aus ihrem großen Kantinengebäude aus und die Politiker nutzten diese Gelegenheit um eine die Innenstadt verstörende Problem-Karawane von Hausbesetzern und Punks aus der Steffi in der Stephanienstrasse schleunigst direkt gegenüber den Ateliers auf dem Abrissgelände zu entsorgen.

Man war offensichtlich brennend daran interessiert, im nächsten Schritt dann endlich und endgültig zwei Fliegen mit einer Klappe zu schlagen. Ratten und Schmeißfliegen. Künstler und Punks. Und möglicherweise hat da der eine oder der andere Politiker auch schon mal in einem Buch von Machiavelli geblättert.

Aber so richtig ist diese Rechnung letztlich doch nicht aufgegangen. Die Punks waren jung und zäh. Und die Künstler waren zumindest so gewieft wie Kartoffelkäfer und schlüpften jedes Frühjahr frisch aus dem Boden.

LOOP

Die Sanierungsarbeiten und die Umbauten im Gebäude kamen daher wie die Manager einer großen Bank. Aus den offen ineinander übergehenden Lichthöfen wurden nach und nach elegante Schuhkartons und aus dem Spiel der Räume wurde ein System von Sicherheitsschleusen. Und die Ateliers der Künstler erhielten jetzt einen Übergangsvertrag für das Gelände hinter dem Hauptbahnhof, das die Stadt eigentlich für Heinrich Klotz teuer eingekauft hatte und das sie, als so genanntes Filetstück, auf dem Immobilienmarkt nun rasch wieder loswerden wollte.

Aber manchmal laufen die Dinge eben anders. Das Filetstück roch bereits ein

Offene Rechnung zu verkaufen!

Nach und nach nistete sich daraufhin auch noch eine Wagenburg auf dem Hof ein. Sie machten sich vor meinem Atelier auf meinen Gladiolen und in meinem Lavendel breit, sie schichteten ihre Lagerfeuer auf den seltenen Königskerzen auf und sie ließen ihre Hunde über meine zarten Basilikumpflanzen trampeln. Aber ich mochte ein paar von ihnen und ich mochte ihre Hunde.

Ihre herum ziehenden Wagen waren bunt angemalt und mir war das lieber als der restliche Mief einer tristen, grauen Asylantensiedlung voller zweifelhafter Künstler rundum. Ein Haufen fantasieloser Pseudo-Genies, ängstlich in ihren warmen Ateliers ausharrend, gegen die Außenwelt verschanzt. Da hockten sie dröge herum, die Biographien hilflos voll gestopft mit Eitelkeiten.

Künstler in der IWKA, Künstler aus der IWKA. Atelier in der IWKA von – bis –. Künstler hinter dem Hauptbahnhof. Ateliers Hinter dem Hauptbahnhof. Teilnahme an der Ausstellung Offene Ateliers Hinter dem Hauptbahnhof. Mein Atelier Hinterm Hauptbahnhof von – bis –. Es wurde mehr und mehr ebenso erbärmlich wie schamlos parasitär. Eines Tages würden diese besinnungslosen Attitüden sie gründlich einholen.

Ein künstlerischer Freiraum hätte es sein sollen, ein Projekt, eine wegweisende Alternative. Doch es wurde zusehends eine Hobbythek für frustrierte Kunsterzieher und eine Art Kirchenasyl für schwunghaften Seifenhandel oder für Weinladeninhaber mit einem abgebrochenen Studium der Philosophie. Es wurde ein El Dorado für Imagepflege mit dem Hang zum kosmetischen Zweitatelier und für eine gedankenlose, gemütlich badische Schrebergarten-Verblödung.

Vielleicht würde eines Tages ein Stipendium in Florenz ihren niedlichen kleinen Arsch retten. Oder ein eiliger Anruf vom Guggenheim Museum. Es wurde letztlich eine Brutstätte für die Bedeutungslosigkeit der Kunst. Für Artigkeiten und Nettigkeiten. Und aus vielen kleinen Lügen wurde eine große dreckige Lüge. Niemand war dafür zuständig. Niemand wollte dafür zuständig sein.

Die Welt, so sagt schon ein niederländisches Sprichwort bei Hieronymus Bosch, ist ein Heuhaufen und ein jeder fasst sich davon so viel als dass er kriegen kann.

Sie hörten auf mich zu grüßen. Meine Haltung war sattsam bekannt und nichts Neues. Mittlerweile waren die HfG Räume im Seitentrakt des Kantinengebäudes gegenüber tagelang ausgeräumt und in ihr Domizil in die bezugsfertigen ZKM Lichthöfe verlagert worden. Die Ex-Steffi Bewohner in diesem Haus hatten nun als ordentliche Mieter bei der Stadt eine vertraglich zugesicherte Option auf diesen Teil des Gebäudes. Sämtliche Räume waren frisch renoviert. Sie hatten neuen Teppichboden, neue Waschbecken und neue Fenster.

Der Polizeieinsatz vor Ort kam unerwartet und tobte ganze vier Stunden lang. Zwei Hundertschaften einer kriegerischen Eingreiftruppe prügelten mit ihren Schlagstöcken wie die Barbaren alles kurz und klein. Sie zerschlugen die neuen Fenster und sie zertrümmerten die neuen Waschbecken. Sie zerrissen den neuen Teppichboden und sie warfen Mobiliar aus dem Fenster und sie wüteten herum, weil sie nirgendwo in den ganzen Räumen irgendeinen Gegner und nicht einmal einen einzigen Hausbesetzer finden konnten. Damit war ihr Auftrag erledigt. Die Räume waren jetzt vollständig unbrauchbar gemacht.

Man sei einer illegalen Besetzung zuvor gekommen. Man verfüge da sozusagen über gewisse Informationen, verlautete die Stadt hinterher. Nur eben, dass überhaupt keine Chaoten vor Ort gewesen waren, außer zwei Hundertschaften herum tobender Bereitschaftspolizisten, die alles kurz und klein geschlagen haben.

Ob es denn nicht sinnvoller gewesen wäre, war da meine Frage, diese Räume unseren ausländischen Studenten in Karlsruhe zur Verfügung zu stellen. Für die wird nämlich überall auf Plakaten in der Stadt ständig händeringend nach Zimmern gesucht. Und überhaupt, selbst eine Ex-Steffi könne dann ja wohl, trotz einer vertraglich zugesicherten Option, schlecht gegen Ausländer demonstrieren. Und somit hätte sich jegliches Problem völlig einfach und unkompliziert in Luft aufgelöst.

Also De-Eskalation für Anfänger. Und auch noch für den Steuerzahler einen ziemlichen Haufen Geld gespart, den so ein unsinniger Einsatz kostet. Unser damals gerade frisch gewählter Kultur-Oberbürgermeister musste bei dieser Frage plötzlich umständehalber und fast etwas nachdenklich mit dem Kopf nicken. Er ist nämlich hauptberuflich liberal.

Liberal, das bin ich dann auch. Ich hämmerte auf den Tasten unverzüglich eine Richtigstellung über diesen kriegerischen Überfall der Staatsgewalt in einen Offenen Brief und brachte ihn wie immer in Umlauf. Aber die Unantastbarkeit der menschlichen Würde ist genau so wie Die Verhältnismäßigkeit der Mittel oder wie Das Recht auf Gegendarstellung in unserer Gesellschaft schon lange kein Thema mehr. Keiner von den Künstlern hinterm Hauptbahnhof, die ich angesprochen habe, war bereit mit seinem Namen zu unterschreiben. Keiner von den Künstlern ließ sich bei den Diskussionen vor Ort blicken. Niemand wollte Farbe bekennen und sich womöglich damit unbeliebt machen.

Der süßliche Geruch von Leichenstarre breitete sich langsam immer mehr wie ein schleimiger Virus in den meisten Künstlerbuden aus. Zwischen ölfarbenverschmierten Tuben und dem kleinen Überleben verfaulten die Geschlechtsteile.

Die Träume waren jetzt in Vitriolwasser eingelegte Erinnerungen und Sentimentalitäten, die in behaglichen Wohnzimmern zusammen mit einer alten Schallplatte von Bob Dylan auf dem Kaminsims verstaubten.

Schlechtes Karma, sagte Ploog, als wir einmal in Klappstühlen vor dem Atelier saßen, auf das Gelände mit der Ex Steffi hinaus schauten und über Paul Thek sprachen.

Weder das Eine noch das Andere entgeht seinem zielsicheren Blick.

LOOP

Nach und nach nistete sich daraufhin auch noch eine Wagenburg auf dem Hof ein. Sie machten sich vor meinem Atelier auf meinen Gladiolen und in meinem Lavendel breit, sie schichteten ihre Lagerfeuer auf den seltenen Königskerzen auf und sie ließen ihre Hunde über meine zarten Basilikumpflanzen trampeln. Aber ich mochte ein paar von ihnen und ich mochte ihre Hunde.

Ihre herum ziehenden Wagen waren bunt angemalt und mir war das lieber als der restliche Mief einer tristen, grauen Asylantensiedlung voller zweifelhafter Künstler rundum. Ein Haufen fantasieloser Pseudo-Genies, ängstlich in ihren warmen Ateliers ausharrend, gegen die Außenwelt verschanzt. Da hockten sie dröge herum, die Biographien hilflos voll gestopft mit Eitelkeiten.

Künstler in der IWKA, Künstler aus der IWKA. Atelier in der IWKA von – bis –. Künstler hinter dem Hauptbahnhof. Ateliers Hinter dem Hauptbahnhof. Teilnahme an der Ausstellung Offene Ateliers Hinter dem Hauptbahnhof. Mein

Was es bedeutet, jung zu sein

Es kam wie es kommen musste. Die Kultur-Hauptstadt Bewerbung der Fächer-stadt wurde unter Fanfaren und Getöse mit vollen Segeln unbeirrbar in den Sand gesetzt. Mit Recht, wie es überall auf den Werbeplakaten in der Innen-stadt stand, und ein jeder konnte sich seinen Teil dabei denken.

Völlig umsonst war der weiße, runde Tisch vor meinem Atelier, an dem ich un-seren Kultur-Oberbürgermeister aus dem Rathaus heraus und mit den Insidern der Kunst Szene und mit Querdenkern jeglicher Couleur immer wieder zusam-men gebracht hatte. Die Ideen waren willkommen, sie wurden auch von etlichen weiteren Entscheidungsträgern mit Interesse aufgenommen, aber jenseits unserer kleinen Tischrunde verkamen sie zu Makulatur.

Eine Gastronomie- und Skulpturenmeile zwischen Straßburg und der Fächer-stadt. Eine international vernetzte Cocktail Lounge direkt an den Gleisen hinter dem Hauptbahnhof. Eine deutsch-französische Freundschafts-Oase mit einem elsässischen Wochenmarkt und einem Bouleplatz auf unserem Gelände.

Oder ein dezenter Hinweis, dass eine in Richtung Kultur-Hauptstadt Bewer-bung peinlichst hofierte und angeblich so überaus wichtige Galerie bereits schon vor ihrer Eröffnung in unserer Fächerstadt im fernen Berlin längst Bankrott gegangen war. Drei Monate später war diese Galerie dann wieder weg und die alteingesessenen Galeristen, die schon jahrzehntelang brav und fleißig für die Kunst und für das Publikum vor Ort geackert hatten, waren richtig stinksauer.

Für zu viele Entscheidungsträger in dieser Stadt gilt nämlich das Gleiche, das mir auch bei zu vielen Künstlerkollegen auffällt. Ich schätze sie, denn sie sind brillant oder gebildet, sie sind belesen oder intelligent, sie sind wortreich oder tiefsinnig und manche davon sind sogar all das zusammen. Aber es gibt ja auch erstaunlich viele Lagerkommandanten, die viele gute Bücher gelesen hatten, und es gibt sogar freundliche Kinderschänder, die mit einem beachtlich hohen Intelligenzquotienten ausgestattet sind.

Brillante Worthülsen sind eben brillante Worthülsen. Gegebenenfalls ohne jeden Charakter oder ohne jede Verbindlichkeit. Ohne Taten und viel zu oft voll der Widersprüche eines ausgeprägten Opportunismus.

Immerhin stand ein Teil unseres Gebäudeensembles jetzt mit einem Schlag unter Denkmalschutz. Und die kulturelle Hysterie einer Viel vor Viel dahinter-

Bewerbung verschaffte den Ateliers sowie den Punks in der Ex-Steffi plus einer bunten Wagenburg auch noch vorübergehend eine kleine Verschnaufpause.

Doch dann war Schluss mit lustig. Die ehemalige Montanmetropole Essen hatte nämlich zur Kulturhauptstadtbewerbung ein überzeugendes Strukturkonzept vorgelegt und unsere provinziell denkende Fächerstadt flog sofort mit einem monströsgelben Hinweisschild und mit einem überzeugend überzeugungslosen Kultur-Oberbürgermeister aus dem Rennen.

Karlsruhe setzte jetzt wieder auf traditionelle Werte. Wenn schon keine hoffnungsvolle, fliedergetränkte Bundesgartenschau Revue für die Bürger, dann wenigstens ein bisschen Pogo hinter dem Hauptbahnhof.

Die Hubschrauber kamen im Morgengrauen. Mit knatternden Rotoren duckten sie sich über dem kommunistischen Vietnam und suchten lauernd die Gegend ab, um irgendetwas da unten endlich restlos in die Steinzeit zurück zu bombardieren. So wie wir uns Hollywood eigentlich schon immer vorgestellt haben.

Hinter dem Hauptbahnhof bebte die Erde. Die Kolonnen der Polizeistiefel klatschten den Takt und die Räumungsbagger brachten sich in Position. Abends konnte man das komplette Einsatz Potpourri sogar im Kabel-Fernsehen bewundern. Wie sie mit ihren Infrarot Kameras die letzten Besetzer aus der Ex-Steffi heraus pulten und wie die ganzen Graffitis auf der Wand schließlich in Schutt und Geröll versanken. Wie die Punks sich trotzig wegtragen ließen und wie dutzende Mannschaftswagen mit ihrer grünen Politur in den ersten, warmen Sonnenstrahlen sauber blitzten. Nur wie die Katze aus dem Nachbar-Atelier verstört das Weite gesucht hat, das haben sie natürlich nicht gezeigt.

Am Nachmittag zuvor war ich noch neugierig die Barrikaden entlang geschlendert.

Glaubt ihr wirklich damit irgendetwas aufzuhalten, fragte ich die Punks.

Natürlich nicht, sagte mein Lieblingspunk.

Aber das hier, das sind wir uns einfach schuldig.

Er strahlte mich an und ich kapierte sofort, was für ein wertvoller Mensch er ist.

LOOP

Es kam wie es kommen musste. Die Kultur-Hauptstadt Bewerbung der Fächerstadt wurde unter Fanfaren und Getöse mit vollen Segeln unbeirrbar in den Sand gesetzt. Mit Recht, wie es überall auf den Werbeplakaten in der Innenstadt stand und ein jeder konnte sich seinen Teil dabei denken.

Völlig umsonst war der weiße, runde Tisch vor meinem Atelier, an dem ich unseren Kultur-Oberbürgermeister aus dem Rathaus heraus und mit den Insidern der Kunst Szene und mit Querdenkern jeglicher Couleur immer wieder zusammen gebracht hatte. Die Ideen waren willkommen, sie wurden auch von etlichen weiteren Entscheidungsträgern mit Interesse aufgenommen, aber jenseits unserer kleinen Tischrunde verkamen sie zu Makulatur.

Eine Gastronomie und Skulpturenmeile zwischen Straßburg und der Fächerstadt. Eine international vernetzte Cocktail Lounge direkt an den Gleisen hinter dem Hauptbahnhof. Eine deutsch-französische Freundschafts-Oase mit einem elsässischen Wochenmarkt und einem Bouleplatz auf unserem Gelände.

Oder ein dezenter Hinweis, dass eine in Richtung Kultur-Hauptstadt Bewerbung peinlichst hofierte und angeblich so überaus wichtige Galerie bereits schon vor ihrer Eröffnung in unserer Fächerstadt im fernen Berlin längst Bankrott gegangen war. Drei Monate später war diese Galerie dann wieder weg und die alteingesessenen Galeristen, die schon jahrzehntelang brav und fleißig für die Kunst und für das Publikum vor Ort geackert hatten, waren richtig stinksauer.

Für zu viele Entscheidungsträger in dieser Stadt gilt nämlich das Gleiche, das mir auch bei zu vielen Künstlerkollegen auffällt. Ich schätze sie, denn sie sind brillant oder gebildet, sie sind belesen oder intelligent, sie sind wortreich oder tiefsinnig und manche davon sind sogar all das zusammen. Aber es gibt ja auch erstaunlich viele Lagerkommandanten, die viele gute Bücher gelesen hatten, und es gibt sogar freundliche Kinderschänder, die mit einem beachtlich hohen Intelligenzquotienten ausgestattet sind.

Brillante Worthülsen sind eben brillante Worthülsen. Gegebenenfalls ohne jeden Charakter oder ohne jede Verbindlichkeit. Ohne Taten und viel zu oft voll der Widersprüche eines ausgeprägten Opportunismus.

The Making Of

Wir haben unseren Gegnern
viel zu verdanken,
denn sie verhindern,
dass wir uns auf die faule Haut legen.
Oscar Wilde

Gute Politik ist gut.
Schlechte Politik ist schlecht.
Charlie Brown

Asterix erobert Rom   Von Gary Snyder wissen wir, dass er ein Nomade war und dass er tatsächlich zwei Rucksäcke hatte: einen kleinen Rucksack für die Wanderungen durch die großen Städte und einen mächtig großen Rucksack für die Berge. Andere Legenden wiederum berichten, dass Georg Schalla gleich mit zwei alten, abgetakelten Bauwagen auf dem Abrissgelände der ehemaligen Badischen Waffen und Munitionsfabrik Einzug gehalten hat. Der eine Bauwagen stand am Anfang verloren in einer riesigen, leeren Abrisshalle um im Winter dort nicht zu erfrieren. Und der andere Bauwagen stand wie ein kampflustiger Unterstand vor dem Depot 18, um im Sommer Pläne zu zeichnen und zu schmieden für ein künstlerisches Nutzungskonzept in den Lichthöfen des Hallenbau A.

Anleitung zum respektvollen Umgang mit der Empore   Wer in bewegte Zeiten hineingewachsen ist, der will auch selbst etwas bewegen. In der Nachkriegsgeschichte sucht man im Westen nach neuen Lebensformen und nach einer selbst bestimmten politisch denkenden Identität. Amerika produziert Hippies und Deutschland produziert Volkswagen, Sozialisten, Marxisten, Leninisten und fröhliche Anarchisten. Zu dem Selbstverständnis einer außerparlamentarischen Opposition gehört auch die Auseinandersetzung mit einer völlig neuen Sprache der Kunst. Hierbei zeichnen sich vor allem zwei Orientierungspunkte ab. Das eine ist die *Factory* in New York.

Revolution meets Pop Revolution   *The Factory* war eine Art bunt zusammengewürfelte Kunst-Kommune und eine emsig wuchernde Pop Produktion rund um Andy Warhol. Die Kunst verkündete jetzt unübersehbar die nackte Fusion von Suppendosen und dem elektrischen Stuhl und Velvet Underground und den Dollarscheinen und den Massenmedien und dem Empire State Building und einem gepinkelten Dripping Bild. Der andere Orientierungspunkt war die Einmischung der Kunst in urbane und politische Aktionen, sowie die Umkehrung gesellschaftskritischer Fragestellungen in sämtliche Bereiche der Kunst hinein. Die Grundlage dafür bildeten der offensive, kühle Intellekt von Guy Debord und den Situationisten, das internationale Netzwerk der Gruppe CoBrA um Asger Jorn, die Wiener Aktionisten eines Orgien-Mysterien-Theaters und die offene Fluxus Bewegung, sowie die subversiven Dada Provokationen um Dieter Kunzelmann.

Ratte 14 Lichthof 2 im Hallenbau A. Dort stehen Maschinen noch unter Strom. Für junge Kerle in der Berufsfortbildung. Sie tragen lässig ihre Blaumänner und üben das Erwachsenwerden mit einer Stechkarte in der Fabrik. Vorgestanzte Bewegungsabläufe, die ausreichen, um genau diese Bewegungsabläufe dann ein Leben lang als Schlosser, als Werkzeugmacher oder als Fräser zu wiederholen. Maschinenöl, Hydraulik und Hammerschläge. Niemand weiß so genau, was am Ende einer Fliessbandstrasse eigentlich heraus kommt; vielleicht Staubsauger, Gartengeräte oder Phosphorbomben für den Abwurf. Die Sounds einer Industriellen Revolution für ein zurückgelassenes Rudel Romantiker. Menschliche Module sozusagen, die nächstens leicht ausgetauscht werden können gegen intelligente Technologie oder billige Vietnamesen in Saigon.

Zwölf Thesen über Geschichte Eine glorreiche Zukunft putzt sich bei nächstbester Gelegenheit auch wieder zügig selbst von der Platte. Die Zukunft des *Homo Sapiens*, der das Feuer mit einem Plastikfeuerzeug aus dem Supermarkt beherrscht. Auch die Zuversichtlichkeit, mit der die Seefahrt vorübergehend den gesamten Globus in die zwei Besitzhälften der Kolonien eingeteilt hat. Vorübergehend spricht man von der Zukunft der Dampfmaschinen und der Herrschaft der Mechanik. Die stählerne Eisenbahn, sagt ein visionärer Dichter, das ist die völlige Veränderung von Raum und Zeit. Die Elektrifizierung des Landes, sagt Lenin, ist die Zukunft, ist die Partei, ist die Revolution. Doch die Zukunft kehrt immer zurück an den Ort ihrer Entstehung. Fast so wie ein Verbrecher zurückkehrt an einen Tatort.

Heilige Halunken Im Stockwerk über der Berufsfortbildung haben sich sinnigerweise frisch gebackene Künstler eingemietet. Sie zahlen brav ihre Mieten an *Texaco* und an die *Vincentius Gesellschaft* und dürfen dafür eng an eng Bretterverschläge zusammenzimmern. Kleine und noch kleinere Kaninchenställe aneinander gepresst oder resolut abgegrenzte, ummauerte Latifundien. Eine erfolgreiche Resteverwertung, die von den lauernden Grundstücksspekulanten und etlichen Kultursinnigen im Rathaus als modernes Mäzenatentum zelebriert wird. Bis zum anderen Ende des Hallenbau A stehen die Lichthöfe allerdings völlig leer. Eine dämonische Industrieruine, aber eben auch verlockend jungfräulich und sinnlich.

Synthetische Adoleszenz   Es gibt Kaninchen, die langweilig sind, schon bevor sie an eine Kunstakademie kommen und solche, die langweilig sind, sobald sie die Akademie wieder verlassen. Sie gebärden sich als Heilige Halunken und in Wahrheit sind sie Bettnässer. Einige sind Alkoholiker oder sie sind reif für die Klapse und ein paar andere taugen nicht einmal dazu. Die meisten sind Tagträumer. Sie träumen ein paar Jahre die Akademie und den großen Durchbruch und dann träumen sie einfach weiter. Akademisch ausgebildete Amöben.

No Risk, No Fun   Georg Schalla unterscheidet die Kaninchen in eine *Schlafmützen-Abteilung* und in eine *Bremsklotz-Abteilung*. Georg Schalla unterscheidet auch das Rathaus in eine *Bremsklotz-Abteilung* und in eine *Schlafmützen-Abteilung*. Eine tief verwurzelte, freiheitliche und klassenlose Unversöhnlichkeit mit allem und mit jedem. Georg Schalla ist ein Künstler Komma plus ein radikaler Träumer und Aktionist. Radikal, also von den Wurzeln her, im Sinne von Ausschließlichkeit, das heißt ohne jede Unterwürfigkeit und damit ohne jegliches diplomatisches Geschick oder Kalkül. In jungen Jahren ist Schalla aus dem Osten gekommen. Er hat Stalinismus, Parteianweisungen und anschmiegsame Jasager hinter sich gelassen, um nie wieder irgendwelche verfilzten Seilschaften und das dazugehörige doktrinäre Apparate-Denken über sich zu dulden.

Tote Heimat   Noch ist es möglich, hinter der verwahrlosten Nutzlosigkeit einer Industrieruine die Atmosphäre von 10 durchgehend offenen Lichthöfen ganz direkt und ästhetisch wahrzunehmen. Noch ist das Spiel offen für Projekte außerhalb des musealen Betriebs, für interdisziplinäre Piloten und für die freie Kooperation von Künstler-Kombatanten und jenen Kunsteinrichtungen, denen der Raum fehlt. Alles ist möglich in diesem mit Abstand größten Gebäude in der Stadt. Auch die Belebung der Lichthöfe mit kollektiven Arbeitsräumen, Kneipen, Gastateliers und thematischen Zonen. All dies inmitten einer filigran tragenden Stahlbetonkonstruktion mit offenen Hallen und Geschossen, mit rhythmischen Glasüberdachungen und mit der vertikalen Gliederung durch hohe und breite Fenster. Eine auf die Architektur bezogene Lichtführung. Eine industrielle Kathedrale. Eine magische Ikone.

Wo die Begabung aufhört beginnt erst die Kunst   Plötzlich lautet die Parole: *Künstler in der IWKA*. Diese formelhafte Gleichsetzung verzerrt sich in rascher Folge ins Groteske. *Künstler in der IWKA* – das wird gehandelt wie ein Adelstitel, wie ein Gütesiegel, wie Weihwasser. Eine fragwürdige Errungenschaft, akribisch in diversen Biographien verzeichnet und marktschreierisch in Künstlerlokalen und auf Vernissagen verkündet. Dabei schaffen allein und zuerst die von Georg Schalla ins Leben gerufenen und lebendig gehaltenen Aktivitäten zum Erhalt und zu einer weiteren kulturellen Nutzung des Hallenbau A in der Stadt nach und nach jene breite Öffentlichkeit, die nun von einigen Kaninchen vereinnahmt wird. Und niemand stört sich daran, dass diese personifizierte Aussage *Künstler in der IWKA* eine inhaltliche Leere offen legt. Vergleichbar mit der Hausnummer von irgendeinem Blumen tröpfelnden Aquarellmaler in Worpswede. – Die Parole wird zum Fetisch.

Wie das wirkliche Leben oder so   Das vollmundige *Künstler in der IWKA* lässt sich noch weiter kommerzialisieren. *Künstler aus der IWKA* nennt sich diese neue Handelsmarke. Pfiffige Eventjongleure haben sich da schon etwas ausgedacht. Die nobelste Einkaufsmeile der Stadt wird ihre Boutiquen, ihre Pelz- und Juwelierläden und ihre idyllischen Hinterhöfe eine ganze Woche lang mit wirklich lebensechten Künstlern aus der IWKA dekorieren. Bei den Kaninchen wird sofort Applaus geklatscht, aber von den Aktivisten lässt sich bei so etwas niemand blicken. Da die Plakate schon druckfrisch ausgehängt sind, muss in einer Nacht- und Nebelaktion noch schleunigst zusätzlich malendes Fußvolk herbei gekarrt werden, das mit der ganzen Sache ungefähr genau so viel zu tun hat, wie meine Bäckereifachverkäuferin um die Ecke.

Mit Riskanter Zuversicht   Worum geht es eigentlich? Es geht um nichts Geringeres, als um den Traum von einer Sache. Es geht um einen einzigen und womöglich winzigen geschichtlichen Moment, in dem die Weichen gestellt werden. Was es sein könnte und was es werden wird. Und was man tun muss, damit aus einer Idee eine Sache und aus einer Sache eine Zukunft wird. Das ist das, worum es geht. Alle anderen Dinge sind weit weg. Den Regenwald retten oder biologisch korrektes Gemüse kaufen. Für den Frieden öffentlich auf dem Marktplatz hungern oder sich gegen das Ozonloch in eine Unterschriftenliste eintragen. Einen Krieg in Indochina stoppen oder einen Krieg am Golf verdammen. Hier, mitten in der Fächerstadt Karlsruhe liegt das riesige Gelände einer ehemaligen Waffenfabrik mit ihren riesigen Produktionshallen. Und das ist genau das Ding um das es geht.

Das Büro der Waffen Diese Badische Waffen- und Munitionsfabrik selbst ist Geschichte, und Geschichte ist allzu offensichtlich immer die Geschichte der Waffen. Ohne Waffen keine Geschichte. Nur wenige Kilometer trennen die industriellen Reliquien der Tötung von der französischen *Ligne Maginot* und nur wenige Jahrzehnte trennen die deutsch-französische Freundschaft von den zahllosen Kriegen mit einem erklärten Erbfeind. Schon immer war der Oberrheingraben ein Gebiet, das den Verlauf unserer westlichen Geschichtsschreibung entscheidend geprägt hat. Von den Wanderungen der Evolution bis zu den Handelswegen. Von Kelten, Römern und Burgundern bis zu jenem zweisprachigen Dokument, das in Straßburg im 13. Jahrhundert den Ursprung von einem deutschen Land markiert.

Sternenbilder mit auswechselbarer Doppelseite Mehr noch als das. Die Rheinebene als topographisches Durchgangsgebiet ist jene Schnittstelle, aus der sich Europa heran bildet. Immer wieder. Im missionarischen Eifer von Cluny und in der Reformation. Im dreißigjährigen Krieg und in den Pfälzer Erbfolgekriegen. Mit Napoleon Bonaparte und 1870 mit Kaiser Wilhelm. In einem ersten und in einem zweiten Weltkrieg. Und nicht zuletzt ist hier die große französische Revolution übergeschwappt in die Badischen Aufstände von 1848. Die Mutter von Freiheit und Gleichheit. Der republikanische Gedanke, der sich aufmacht, die Monarchie und den Absolutismus zu überwinden.

Erscheinungsbild der Haut *Gegen* den gemütlich behäbigen Absolutismus im Rathaus der Fächerstadt und *gegen* den Absolutismus einer kleinbürgerlichen Kultur-Politik anzugehen, darin liegt auch eine politische Stellungnahme. Nicht nur in der Architektur des Zentralismus, sondern vor allem in den Köpfen vieler spiegelt sich eine äußerst fragwürdige *Selbst-Herrlichkeit*. Umso notwendiger ist es, dass gerade ein Künstler sich als *Subjekt* begreift und darin sich als solches behauptet. Nicht ein *Objekt* zu sein, von fremdbestimmten Konditionen ohne Moral. Nicht der Handlanger zu sein, von jeder geforderten Unterwürfigkeit und Anpassung. Nicht nur institutionalisierte Beute zu sein, eines selbstverliebten Kalküls hinter den Schreibtischen im Rathaus, hinter den Schreibtischen in den Galerien und Museen.

Michelangelo im Kochbeutel   Es lässt sich übrigens leicht feststellen, dass Georg Schalla bereits lange vor den Aktionen um die künstlerische Nutzung der leer stehenden Industrie Werke Karlsruhe Augsburg schon einmal die Weichen gestellt hat. Damals stand die Orgelfabrik in Karlsruhe Durlach zum Abriss bereit. Eine geplante Durchfahrtsstrasse war im Rathaus bereits beschlossene Sache. Mit seinem viermonatigen Kunstprojekt *Das Jüngste Gericht* weckte Georg Schalla zusammen mit beteiligten Künstlern das Interesse der Bevölkerung an einem zukünftigen kulturellen Nutzung des historischen Gebäudes. Es entstand eine Bürgerinitiative und der daraufhin gegründete Kulturverein Orgelfabrik arbeitet bis heute erfolgreich und bietet eine wichtige Plattform für eigenständige Ausstellungen und verschiedenste künstlerische Aktivitäten der Karlsruher Kulturszene.

Übergang eines Körpers zur Stirnseite   Die entscheidende Wende tritt ein, als die Grundstücks-Spekulanten den Hallenbau A abstoßen. Die Stadt Karlsruhe ist jetzt der Eigentümer und Ansprechpartner von 10 leeren Lichthöfen. Das eröffnet schlagartig neue Ansatzpunkte für erweiterte Konzeptionen für kooperative Netzwerke und eine vielfältige soziokulturelle Umstrukturierung der ehemaligen Waffenfabrik. *Schwerter zu Pflugscharen.* Die Idee einer alles umfassenden Kultur-Fabrik mit einer Gesamtlänge von 320 Metern gibt den Aktionen vor Ort nun ihre Gestalt.

Herumstreifende Streifenpolizisten   Aber zuerst einmal lässt der neue Ansprechpartner ein äußerst amtliches Schreiben zustellen. Inhalt: Sämtliche Ateliers in Lichthof 2 sind mit sofortiger Wirkung von Seiten der Stadt fristlos gekündigt. Zweitens: Die Gekündigten mögen bitte ihren fälligen Mietzins ab dem kommenden Monat auf folgendes Städtisches Konto überweisen. Mit freundlichen Grüßen, die Stadt Karlsruhe. Man muss sich derart feinstoffliche Rathaus-Geschichten unbedingt einmal ganz langsam auf der Zunge zergehen lassen, denn in einem Gehirn finden sie einfach nicht den richtigen Platz. Und wie diese Einkünfte denn nun verrechnet werden, ob für den Wahlkampf oder für den Faschingsumzug, darüber erhält der mündige Bürger nach wie vor keinerlei Auskunft.

**Solisten in ihre Instrumentenkästen eingebaut
& tiefgefrorene Orchester**   Für die Kaninchen allerdings reicht diese kleine Drohgebärde bereits aus. Sie überweisen ihren Mietzins also im Weiteren jahrelang still und brav auf eine Art ominöses Geheimkonto. Als hätten sie es höchstpersönlich mit der Mafia zu tun. Klar doch, da gibt es schließlich mehrere Vergünstigungen in Städtischer Hand, bei der die eine oder der andere sich unbedingt lieb Kind machen will. Der Materialkostenzuschuss vom Kulturreferat zum Beispiel. Die Ankäufe des Regierungspräsidiums oder die von der Stadt vorgegebene Ausstellungspolitik in den subventionierten Kunstbereichen. Oder die Vergabe städtischer Ateliers und die Graduiertenstipendien der Akademie. Überall hat die Stadt ihre Finger drin. Eine ziemlich deutliche Menge von Steuerungsinstrumenten, um Künstler nach Gutdünken im Griff zu halten.

Lights in a Fat City   Mit dem Flächenabriss auf dem Gelände wird von Seiten der Stadt ein deutliches Exempel statuiert. Das Depot 18 von Georg Schalla wird in einer richterlich angeordneten Zwangsräumung aufgelöst und das gesamte Material der bisherigen Aktionen wird in einer Stallung der Dragonerkaserne aufeinander gestapelt. Bildlich gesprochen, mit dem Brecheisen verschafft sich Schalla Zutritt zu seinen Plänen und nistet sich vorübergehend im Lager der Vollstreckung ein. Kaum ein Jahr später organisiert er bereits wieder ohne Rücksprache im Lichthof 10 eine weitere Informationsveranstaltung zu den künstlerischen Nutzungskonzeptionen im Hallenbau A. Die Stadt ist jetzt richtig sauer. Mit einer zweiten Zwangsvollstreckungsmaßnahme werden die Stallungen der Dragonerkaserne platt gemacht und das Projektlager wird nun in einer alten Mühle in Rüppurr zwischen Staub und Dreck hinter Schloss und Riegel gebracht.

Neurotransmitter auf der Landebahn   Irgendwann im Hin und Her der Ereignisse besetzt Georg Schalla schließlich ein ganzes Stockwerk im Lichthof 10. Nur wenige andere folgen der Besetzung. Es gibt nun eine kleine Gruppe der Illegalen und es gibt die Kaninchen. Doch das ist nicht der einzige Unterschied. Modelle der Lichthöfe werden gebaut und mit tragfähigen Konzepten bestückt. Utopien, die an Gestalt gewinnen, während das laufende Pensum an Aufgabenverteilung, Besprechungen, Schriftverkehr, Terminen und Pressekonferenzen organisiert werden muss. Informationen und Gerüchte wechseln sich ständig ab. Im Gegenzug muss das strategische Grundgerüst ebenfalls ständig umgebaut und neu in Position gebracht werden. Jede Menge Dinge, die Tag für Tag getan werden müssen. Die aber vor allem eines bedeuten, nämlich die Identität von Arbeit, Kunst und Selbstbestimmung.

Im Semantischen Gedächtnis Erinnert sich noch jemand an Paul Éluard? In der Nacht vor der Eröffnung des Museums der Kolonien in Paris hat er sich mit einem Farbkübel bewaffnet und in großen Buchstaben auf die schöne, neue Wand geschrieben: *Boycottez le Musee des Colonies*. Künstlerische Provokationen und politische Taten miteinander zu verknüpfen, das hat das Rückgrat des Surrealismus gekennzeichnet. Auch den Streit der Surrealisten untereinander. Es war eine völlig neue Sicht auf die Funktion des Künstlers in der Gesellschaft. Das surrealistische Manifest war eine Kampfansage gegen Heuchelei und Zwänge. Es war das relevante Weltbild der Moderne in einer Zeit des Umbruchs und der Neuformulierungen.

Wer sind wir, woher kommen wir & wohin fahren wir in Urlaub
Bei den Konstruktivisten, den Futuristen und in der russischen Revolution, überall wurde die Aufgabe und die Mission der Kunst in neue Zusammenhänge gesetzt. Die Standortbestimmung der Kunst zwischen Volk und Staat, zwischen Bürger und Republik war jetzt Inhalt, Weg und Ziel der Kunst. Ausdruck einer freiheitlichen Gesinnung und der Selbstbehauptung gegenüber einer sklavischen Dekorationsmasse für Kirchen, Schlösser, Museen oder die Bestückung öffentlicher Plätze mit Reiterstandbildern.

Jeder möchte gerne mal dem Sandmännchen auf's Maul hauen
Marcel Duchamp und Kurt Schwitters geben der Dinglichkeit eine neue Bedeutung. Nicht nur die Skulptur wird jetzt von ihrem Sockel herunter gestoßen und muss ihre Statik neu formulieren. Jean Tinguely und Alexander Calder verlassen den Raum der Materie. Fragmentarisierung, Geschwindigkeit und das gleichwertige Zeigen von Banalem und „Hochkulturellem" sind das Thema. Rene Margritte und Max Ernst verstören die Begrifflichkeit der bildlichen Vergewisserung. Und über allem schwebt das Triadische Ballett von Oskar Schlemmer.

Endoskopie der Daten   Das ist nichts für Kaninchen, die sich bereitwillig an den materiellen Weihen des Kunstmarktes orientieren. Die Industriebrache IWKA ist ein Freiraum und ein Experimentierfeld. Georg Schalla entwirft die Partituren für die Aktivierung von Lichthof 9 und 10. Die von ihm zusammen getrommelte Projektgruppe für dieses Spektakel bezeichnet kühn jenen Anteil an leerem Raum im Verhältnis zu der gesamten Materie im uns bekannten Universum. Eine sperrige Zahl mit exakt 13 Stellen hinter dem Komma. 99,999999999999 Prozent aus leerem Raum. In diesem Spannungsfeld beteiligen und engagieren sich Künstler und Aktivisten, interessierte Bürger und sympathisierende Entscheidungsträger, viele, viele solidarische Helfer und Mitarbeiter, der Badische Kunstverein sowie einige andere kooperierende Kulturabteilungen und folgerichtig auch Förderer und Sponsoren.

Diagramm für plastische Geräusche   Die Lichthöfe verwandeln sich für Wochen zu einem wichtigen soziokulturellen Treffpunkt. Und das Nutzungskonzept stößt auf ungemein starke Resonanz in der Öffentlichkeit. Der Pressespiegel spricht jetzt von einem Kulturdenkmal, das eine Herausforderung darstellt. Aber noch immer gibt es im Rathaus Ressentiments und verdrehte Argumente. Eine Gemeinderatssitzung, auf deren Tagesordnung die Entscheidung über das IWKA Gelände steht, findet hinter verschlossenen Türen statt. Und zu den öffentlichen Podiumsdiskussionen erscheint nicht einmal ein Vertreter des Kulturamts der Stadt Karlsruhe.

Auch der Virus hat ein Recht zu leben   Dabei könnte ein kurzer Blick in die jüngste Kunstgeschichte einige Missverständnisse um die Person Georg Schalla durchaus aufklären. Mit dem Umbruch der Kunst und der Gesellschaft zu Beginn des 20. Jahrhunderts prallen Boheme und Bauhaus aufeinander. Die Boheme steht weiterhin als geschmeidige und salonfähige Metapher für einen verwertbaren Geniebegriff und für einen egozentrischen Individualismus. Zoologische Exotik charakterisiert die Rolle des Künstlers in der Gesellschaft. Das Bauhaus hingegen verkündet eine spielerisch ernste Werkstatt aller Disziplinen und das Laboratorium aller Sinne. Der Kunst wird ein kollektives und gesellschaftspolitisch wirksames Instrument in die Hände gegeben, um damit die eigene Gestalt zu erproben und auszuformen.

Tiere ohne b, g, l, m, s, t, u und y   Georg Schalla verkörpert diese Spaltung, wenn nicht sogar das Gespaltensein selbst. Als Person ungehobelt, schroff und unversöhnlich, mit der brachialen Exzessivität eines Caravaggio ausgestattet, entspricht er vordergründig jeglicher Vorstellung über die Boheme. Ein Querulant, mit dem man unmöglich zusammen arbeiten oder auskommen kann. Eine Urgewalt, die alle vor den Kopf stößt. In einer biederen Stadt der Höflinge und der Beamten, der Maschinenbaustudenten und der Trachtenumzüge und des altmeisterlichen Tafelbildes ist Schalla ein Anachronismus und eine ständige Zumutung. Er ist zutiefst verhasst; er wird verleumdet und ignoriert. Und die meisten meiden ihn in vorauseilendem Gehorsam.

L'autobahn c'est moi   Aber Schalla besitzt zweifellos jenes Charisma, das immer wieder Menschen und Situationen über sich selbst hinaus hebt. Er ist der Verwalter gigantischer Träume. Und er ist diesbezüglich so mörderisch zärtlich wie ein Filmregisseur mörderisch zärtlich ist mit seinen Schauspielern, mit seinen Kabelträgern, mit irgendwelchen Beleuchtern und mit seinen endgültigen Schnitten im Schneideraum. Er ist darin Rainer Werner Fassbinder bestimmt nicht unähnlich. Die mit einem endlos chaotischen Tross und mit seiner bunten Entourage aus dem Boden gestampften Aktionen und Spektakel Schallas heben Menschen, Orte und eine visionäre Zukunft aus dem Nichts hervor; sie geben ihnen Inhalte und Größe und wenn sie dahinter abstürzen, so ist das allein ihre Sache.

Der alltägliche Bedarf an Geschwindigkeit   Auch der geplante und preisgekrönte Würfel des holländischen Architekten Rem Kohlhaas fällt nach zweieinhalbjähriger Planung plötzlich unter den Tisch. Zusammen mit dem Standort hinter dem Hauptbahnhof für ein Ensemble aus ZKM und angeschlossener Hochschule für Gestaltung. Das städtische Prestigeobjekt *Ettlinger Tor* ist durch die deutsche Wiedervereinigung und einiges andere an seine Grenzen gestoßen. Man spricht von Zeiten ökologischer Gefährdung. Der denkmalgeschützte Fabrikkomplex IWKA gerät nun wieder in das Blickfeld der von der Projektgruppe erdachten Möglichkeiten. Ein Beschluss des Stadtrates über den Einzug von ZKM und HFG in den Hallenbau A beendet schließlich die Spekulationen um die Wohn- und Büroraum Konzepte der Landesentwicklungsgesellschaft (LEG) oder über den völligen Abriss des Gebäudes.

flatrate   Die Künstler werden nicht in den Wandel miteinbezogen. Davon, bei der Aufteilung und Nutzung die Lichthöfe 9 und 10 als Plattform für freie Projekte und soziokulturelle Einrichtungen und Aktivitäten bereit zu stellen, ist nach und nach nicht mehr die Rede. Ebenso wenig wie von der Gesamtheit einer offenen Architektur der Galerien, der Lichthöfe und der Transportstrassen. Und am allerwenigsten ist jetzt noch im Gespräch, dass die Realisierung von ZKM und HFG im Hallenbau A nicht zuletzt in den Aktivitäten jener Künstler begründet liegt, die den architektonischen Wert einer Industriebrache und ihre Möglichkeiten frühzeitig erkannt haben. Auch dass die Aktivisten konsequenterweise das Gebäude mit Veranstaltungen, Aktionen und Öffentlichkeitsarbeit vor dem Abriss und gewerblichen Raumfantasien bewahrt und über eine lange Durststrecke hindurch lebendig gehalten haben, scheint vergessen.

Vielen Dank, so viel zu Proust   Die Zeit geht gnädig über solche Dinge hinweg. Und irgendwann ist jede etwas entscheidende und prickelnde Gegenwart eine Vergangenheit, die so fade daher kommt wie die Punischen Kriege im Lateinunterricht. So bleibt nur die Frage offen, ob über die Legende hinaus eine offensichtliche Permanenz besteht oder ein Modell oder ein Modul für das Gegenwärtige. Als notwendige Ergänzung zu dem üblichen Gerangel im Kunstbetrieb und als Bereicherung und als Experimentierfeld im bereits Bestehenden und Erreichten. Die Thematisierung kulturphilosophischer und der dazu gehörigen gesellschaftspolitischen Zusammenhänge sollte nämlich in der Hand der Künstler bleiben.

Kollektive Verrottung   Längst dient jeder Trottel als Pop Star. Es ist daher ein Leichtes die Atelier-Kaninchen in der IWKA mit Beginn der Umbau- und Renovierungsarbeiten auf das nun dadurch wieder verfügbare einstige ZKM-Areal hinter dem Hauptbahnhof umzusiedeln. Dahinter steckt nicht nur ein geschickter Schachzug kurz vor der Eröffnung des ZKM sondern darin liegt zweifellos auch eine umkehrbare Logik. Von einer Industriebrache zur nächsten Industriebrache. Auch das neue Domizil kann zum Projekt umgeformt werden. Es ist das gleiche alte Spiel. Veranstaltungen, Offene Ateliers und Pressearbeit. Konzepte, Besprechungen und Strategien. Kaninchen und Aktivisten. Denkmalschutz und die Unterschrift unter eine notarielle Zwangsvollstreckungsmaßnahme. Es geht weiter. Und das Areal wird von der Stadt vergeblich jahrelang als Filetstück auf dem Immobilienmarkt angepriesen.

Elf der letzten acht Rennen haben wir durchaus gewonnen
Aber der Fisch fängt vom Kopf her an zu stinken. Der von den Künstlern selbst geschaffene und selbst verwaltete Atelierraum hinter dem Hauptbahnhof, der ausschließlich aus den Aktivitäten um den Hallenbau A hervor gegangen ist und seither ein Drittel des städtischen Atelierbestandes darstellt, besteht inzwischen seit über 14 Jahren. Ein eindeutiger Beweis, dass die Idee temporärer Zonen bei Immobilienleerstand ein funktionierendes Modell und Anregung für die gesamte Ateliersituation und die Kultursituation einer Stadt ist. Insbesondere dann, wenn eine Stadt mit einem ausgesprochen Kultur-Image daran interessiert ist, ihren kulturellen Anspruch auch durch die Kulturschaffenden selbst mitbestimmen und wachsen zu lassen. Vorraussetzung dafür sind weitgehend autonome Lebens- und Arbeitsformen, die folgerichtig endlich allen daran interessierten Künstlern, per Nutzungsverträgen, offen gestellt werden sollten.

Karma ohne Umsteigkarte Auf dem Gelände der ehemaligen Waffen- und Munitionsfabrik entsteht nun nach und nach eine neue Welt. Der Bundesgerichtshof und das Arbeitsamt, Tiefgaragen und Kinos, Restaurants, Büros und öffentliche Plätze. Der erhaltene Industriebau A wird zügig und zielstrebig ein international renommiertes Zentrum für Kunst und Medientechnologie. Mit angegliederter Hochschule und im Zusammenschluss mit der Städtischen Galerie und dem Museum für Neue Kunst. Das sind die abschließenden Fakten. Doch noch während der Umbauarbeiten, die Stück für Stück durch die Lichthöfe wandern, harrt am anderen Ende in Lichthof 10 ein ungelöster Problemfall aus. Zwischen einstweiligen Verfügungen und juristischen Regressionsansprüchen hält Georg Schalla, allein und unbeugsam, das letzte der besetzen Ateliers in einer langen Geschichte um die Utopie von einem freien Kunstraum.

Entweder verschwindet diese Tapete oder ich tue es! Georg Schalla geht von Bord, wie es einer Legende zusteht. Um nicht weiter mit Rathausvertretern verhandeln zu müssen, zieht er, nach eigenem Bekunden, die Schweine auf dem Schlachthofgelände in der Oststadt vor. Auch dieses Gelände von einer ganz besonderen Bedeutung für die Stadtgeschichte befindet sich im Umbruch. Nur wenige Meter gegenüber einer weiteren innerstädtischen Tötungsfabrik richtet Georg Schalla neue Kunstraum-Projekte aus. Auf dem Hof vor seiner Halle werden täglich die Tiere zusammen getrieben und unter Gebrülle, Geschrei und Gestank industriell abgeschlachtet. Das große Spektakel unserer für die Supermärkte dezent in Plastik eingeschweißten Nahrungskette. Mit all seinen Sinnen nimmt Georg Schalla dies in sich auf und schmiedet Pläne für einen künstlerischen Opernball aus Fleisch, geronnenem Blut und in Unschuld gewaschenen Händen.

Eine andere, eine bessere Welt   *L'Entendre Du Silence*, die Wahrnehmung der Stille ist eine erste Antwort in Zusammenarbeit mit dem Schlossmuseum Ettlingen und dem Kloster Frauenalb. Wenig später richtet Georg Schalla das Art Zentrum Schlachthof ein. Die Stadt verkündet inzwischen in der Presse lautstark das Areal als einen zukünftigen *Creativ Park*. Doch mit der real existierenden Kreativität vor Ort umzugehen, ist eine andere Sache. Das mit der Einstellung des Schlachthofbetriebes lange vorbereitete Kunstprojekt *Der letzte Tanz*, kann letztlich nur stattfinden, indem Schalla gezwungenermaßen seine Unterschrift unter die Kündigung der eigenen Atelierhalle setzt. *Man fürchtet eben die Danaer, selbst wenn sie Geschenke bringen.* Doch Georg Schalla zuckt nur mit den Schultern und startet wieder einmal durch.

Die Decollage der Quanten   Das Spielfeld wird sofort in kleine Runden und Bahnen verwiesen. Längst muss auf jeder Mikrowelle vermerkt sein, dass sie nicht geeignet ist, um Giraffen darin zu trocknen. Und längst haben Bauverordnungen, Feuerwehrbestimmungen und formaljuristische Absicherungen den künstlerischen Aktionismus im Griff. Mit dem Hinweis *Betreten der Baustelle auf eigene Gefahr* ist es nicht getan. Das KunstProjekt im Schlachthof zerreibt sich an stolperfreien Betonfußböden und unzählbaren Einschränkungen und Auflagen. Dahinter steht nicht einmal eine Absicht der Stadt und ihrer Kulturbehörde, aber das Handicap ist offensichtlich. Ein Freiraum oder frei bespielbarer Raum ist durch die herrschenden Reglementierungen in Frage gestellt.

Blick aus einem verlassenen Zimmer   Die Veranstaltungen des Projekts müssen größtenteils abgesetzt werden. Das Publikum muss namentlich erfasst, durchgezählt und in Blöcke eingeteilt werden. Alles ähnelt mehr einem Gefängnis, als dass es noch irgendetwas mit der Freiheit der Kunst zu tun hat. Die Lebendigkeit vor Ort ist von einem riesigen Haufen zuständiger Behörden verboten. Und hinter den Kulissen zeichnet sich ab, dass dies das Ende davon ist, einen Traum wenigstens versucht zu haben.

Vorübergehend fußgängerfreundlich   Aber es muss bezweifelt werden, dass Georg Schalla sich davon in irgendeiner Form beeindrucken lässt. Er hat über die Jahre hinweg eine ganze Stadt in Atem gehalten und nichts wird ihn davon abbringen, es wieder und wieder zu tun. Wenn nicht hier, dann an einem anderen Ort. Er hat allein, aus gegebenem Anlass heraus, überall in Karlsruhe deutliche Spuren hinterlassen und er ist eine Legende, die nicht in irgendwelche Raster hineinpassen will. So gibt es scheinbar keinerlei Verwendung für einen Künstler wie ihn. Und Georg Schalla wiederum bleibt nur, sich weiterhin jeglicher Verwendung seiner Person zu verweigern. Er bleibt wach und unbeugsam, gehasst und geliebt und er ist unbeirrbar darin sich einzumischen.

Ein Geschenk an diese Welt, das niemand haben will.

Wolf Pehlke
Bild tot | Von der Nothwendigkeit eines logischen Widerstandes

fluid editions ultd. | Axel Heil, 2009
© 2009 Wolf Pehlke und fluid editions
Lektorat: Margrit Brehm, Bernhard Serexhe

Gesamtherstellung: Engelhardt und Bauer, Karlsruhe
Printed in Europe
ISBN 978-3-941850-03-3